実務者のための
鉄骨造再入門

編著 佐藤考一
著 五十嵐太郎・西村 督・井上朝雄・江口 亨

学芸出版社

はじめに

　日本の建物は、鉄骨造抜きに考えられません。毎年 1.1 億 m² ほどの建物が新築されていますが、これらの 3 分の 1 は鉄骨造です。しかも、2 階建ての戸建住宅から超高層オフィスビルまで、多種多様な建物が鉄骨造によって実現されています。さらに細柱などに代表される現代的な建築表現は、鉄骨造の独壇場と言って差し支えありません。

　本書は、設計実務者がこうした鉄骨造を学び直すためのテキストです。ここには大きく 3 つの内容が盛り込まれています。その 1 つは、様々な鉄骨造建築の実例紹介です。具体的には、2 章を中心に数多くの写真を掲載しています。言うまでもなく、建物を効果的に理解する方法は実例に学ぶことです。しかし技術解説書は、建物そのものとの繋がりが希薄になりがちです。そこで本書は、著名な実例を様々な観点から解説し、鉄骨造建築の豊かさを再確認しています。

　2 つめは、構造設計の基本的な考え方です。鋼材は、品質のばらつきが小さいなど、構造力学の理論と馴染みがよい材料です。しかし、薄板や細長い形状で使われるため、座屈を防ぐ配慮が必須です。4 章では、接合部はもちろんのこと、そうした鉄骨造ならではの規準を平易に解説しています。項目によっては敷居が高く感じられるかもしれませんが、現在は詳しい説明が様々な Web サイトに公開されています。それらを適宜参考にしながら読み進めれば、専門的知識のない読者でも鉄骨造の構造設計の要点を理解できることと思います。

　3 つめは、各種材料と各部構法の実務解説です。仕上材料の選択は設計実務の大きな関心事ですが、大学等の授業では必ずしも詳しくは扱っていません。そのため 3 章では、構造材料の物性だけでなく、仕上材料の基礎情報を抄録しています。基本的に、鉄骨造建築の床・壁・天井は構造材料と異なる材料で構成されます。つまり各部位が複雑になりやすく、これらの納まりが建物の性能を左右します。5 章では、各種団体が作成した技術資料を例示しながら、代表的な各部構法の定石について解説しています。

　さらに巻末では、参考文献や索引の充実も図っています。学び直しの後、コンパクトな便覧として活用できるようにするためです。著者一同、こうした本書が学び直しの水先案内人になるとともに、実務的な基礎資料として活用され、優れた鉄骨造建築づくりに結びつくことを期待しています。

2022 年 7 月

著者代表　佐藤考一

目次

はじめに　3

1　鉄骨造建築の基本 ——————————————— 7

1・1　鉄骨造建築の技術①　**鋼材生産**　8
1・2　鉄骨造建築の技術②　**躯体の設計手法**　10
1・3　鉄骨造建築の技術③　**外皮の設計手法**　12
1・4　**鉄骨造建築の特徴**　14
1・5　**鉄骨造建築の材工の担い手**　16
1・6　**鉄骨造建築の日本市場**　18
1・7　**鉄骨造建築の架構**　20
1・8　**鉄骨造建築の構造計画**　22
1・9　**鉄骨構造の系譜①**　24
1・10　**鉄骨構造の系譜②**　26

COLUMN　鉄を介した建築と乗り物の接点　28

2　鉄骨造を活かした建築表現 ——————————— 29

2・1　**鉄骨造を躍進させた万博**　30
2・2　**交通施設の空間**　32
2・3　**鉄と木のハイブリッド**　34
2・4　**ミース・ファン・デル・ローエの表現**　36
2・5　**プレファブ住宅、あるいは工業化の実験**　38
2・6　**屋根というシンボリズム**　40
2・7　**コルゲートパイプ変奏曲**　42
2・8　**ハイテックの冒険**　44
2・9　**脱構築主義からアイコン建築へ**　46
2・10　**極限の探求**　48

COLUMN　近代以前の建築における鉄の使用　50

3　鉄骨造建築の材料 ——————————————— 51

3・1　**鋼材の製造・供給プロセス**　52
3・2　鋼材の形状①　**形鋼**　54
3・3　鋼材の形状②　**軽量形鋼など**　56

3・4　構造用鋼材①　**主要な鋼種**　58

3・5　構造用鋼材②　**高性能な鋼種**　60

3・6　**耐火性をもつ鋼材**　62

3・7　皮膜を形成する鋼材①　**耐候性鋼**　64

3・8　皮膜を形成する鋼材②　**ステンレス鋼**　66

3・9　表面処理鋼板①　**めっき**　68

3・10　表面処理鋼板②　**非金属の被覆**　70

3・11　非鉄金属①　**アルミニウム**　72

3・12　非鉄金属②　**銅、チタン**　74

3・13　**金属の塗装、発色処理**　76

3・14　**窯業系外装材**　78

3・15　**耐火被覆**　80

COLUMN　鉄の扉と錠前　82

4　鉄骨造建築の骨組と接合部 ——— 83

4・1　**鋼材の材料力学**　84

4・2　**降伏と塑性変形能力**　86

4・3　**鋼材の材料強度と許容応力度**　88

4・4　**構造用鋼材**　90

4・5　鉄骨構造の設計①　**設計ルート**　92

4・6　鉄骨構造の設計②　**構造設計に関する基準・規準**　94

4・7　鉄骨構造の設計③　**制振・免震**　96

4・8　座屈①　**座屈の種類**　98

4・9　座屈②　**曲げ座屈**　100

4・10　座屈③　**横座屈**　102

4・11　座屈④　**局部座屈**　104

4・12　接合方法①　**ファスナー接合**　106

4・13　接合方法②　**ファスナー仕様**　108

4・14　接合方法③　**溶接接合**　110

4・15　接合部①　**設計法**　112

4・16　接合部②　**継手**　114

4・17　接合部③　**仕口**　116

4・18　接合部④　**ブレース（筋かい）接合部**　118

4・19　接合部⑤　**柱脚**　120

4・20　**二次部材の設計**　122

4・21　**鉄骨造建築物の自然災害**　124

4・22　**既存鉄骨造体育館の耐震改修**　126

COLUMN　現代美術における鉄　128

5　鉄骨造建築の各部構法 ———————————

5・1　鉄骨各部 ①　**柱脚**　130

5・2　鉄骨各部 ②　**柱梁仕口**　132

5・3　鉄骨各部 ③　**ブレース（筋かい）接合部**　134

5・4　鉄骨各部 ④　**ダンパー**　136

5・5　鉄骨各部 ⑤　**外壁周り**　138

5・6　鉄骨各部 ⑥　**耐火被覆**　140

5・7　鉄骨各部 ⑦　**防錆処理**　142

5・8　外壁 ①　**規格カーテンウォール**　144

5・9　外壁 ②　**オーダーカーテンウォール**　146

5・10　外壁 ③　**ガラススクリーン**　148

5・11　外壁 ④　**窯業系の縦張り**　150

5・12　外壁 ⑤　**窯業系の横張り**　152

5・13　外壁 ⑥　**金属系**　154

5・14　外壁 ⑦　**モルタル塗り**　156

5・15　外部開口部 ①　**基本性能**　158

5・16　外部開口部 ②　**サッシ枠の納まり**　160

5・17　外部開口部 ③　**開口補強**　162

5・18　外部開口部 ④　**補強の検討例**　164

5・19　屋根 ①　**折板屋根**　166

5・20　屋根 ②　**陸屋根**　168

5・21　床 ①　**合成スラブ等**　170

5・22　床 ②　**床組**　172

5・23　床 ③　**バルコニー等**　174

5・24　**階段**　176

5・25　内壁 ①　**鋼製壁下地**　178

5・26　内壁 ②　**遮音壁・防火区画**　180

5・27　**天井**　182

5・28　**非構造部材の地震被害**　184

COLUMN　**悲劇の記憶を伝える鉄骨**　186

参考文献　187

索引　190

1

鉄骨造建築の基本

1・1

鉄骨造建築の技術 ①
鋼材生産

◉日本の鋼材生産

鉄骨造建築を支える材料は鋼材です。2010年代後半の日本は、1年間当たり平均6,678万tの鋼材を出荷しており、その約3分の2が内需向けでした（図1）。つまり、世界の鋼材の6%を生み出しながら、4%を消費してきました。

鋼材の内需に着目すると、その31%が建築向けです。さらに内需の11%に相当する量が海外から輸入されており、その7割ほどが建築向けと言われています。このような輸入鋼材を含めると、国内需要の35%ほどを建築分野が生み出しており、土木を合わせれば建設分野が国内需要の過半を占めています。

◉建築用鋼材の種類と用途

建築用鋼材は5種類に大別できます（図2）。最も需要が多いのは棒鋼で、建築用鋼材の半分ほどを占めています。そのほとんどは鉄筋コンクリート造（RC造）に用いる異形鉄筋ですが、鉄骨造に用いる平鋼も棒鋼の1つになります。

その次に多いのが厚中板と形鋼で、近年はどちらも建築用鋼材の2割近くを占めています。これらは主に鉄骨造の梁や柱に使われます。高層建物では、厚中板を溶接してビルトアップH形鋼やボックス柱といったオリジナル断面の構造部材を製作します。一方、中低層建物では、基本的に形鋼の規格断面を使い分けて構造部材を製作します。

建築用鋼材の3%を占める鋼管は主に柱と杭に用いられます。現在の中低層鉄骨造では柱に角形鋼管を用いることが一般化しており、狭小敷地の杭地業では鋼管杭が多用されています。

建築分野の場合、構造部材だけでなく仕上げや下地にも鋼材が使われます。そのため、こうした部分に用いる表面処理鋼板が建築用鋼材の1割近くを占めています。鋼板の表面処理の代表は亜鉛めっきです。しかし、現在はより耐久性の高い表面処理方法が普及しており、金属屋根材の主力はガルバリウム鋼板などへと移行しています。

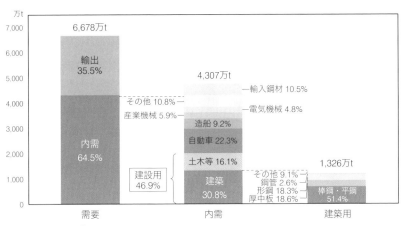

図1　**鋼材の国内需要**（2010 年代後半の 5 ヵ年平均）（次に基づき作成『鉄鋼要覧（2016 〜 20 年版）』『普通鋼地域別用途別受注統計表（2015 〜 19 年度分）』）

棒鋼（異形鉄筋）

形鋼（H形鋼）

厚中板

鋼管（角形鋼管）

その他（亜鉛めっき鋼板）

図2　**代表的な建築用鋼材**（提供：鉄鋼連盟）

1・2

躯体の設計手法

◉鉄骨造の構造設計

　基本的に、構造設計の方法は建物高さに応じて整備されています（図1および4・5の図1）。高さ13m以下の設計方法はルート1と呼ばれます。この方法では、割増しした地震力で許容応力度計算（1次設計）を行い、層間変形角の確認等（2次設計）を省略します。ただし、鉄骨造ではこのルートが柱スパンで細分化されており、6mを超えた場合には偏心率の確認も求められます。一方、ルート2と3は、それぞれ高さ31m以下と60m以下の建物に対応します。これらの設計方法では層間変形角を確認した上で、前者では剛性率と偏心率、後者では保有水平耐力の確認を行います。

　さらに高層化した場合には、エネルギー法や時刻歴応答解析を用います。後者は超高層建築の登場とともに実用化された方法で、建物高さが100mを超えるとこの方法による検討が必須になります。前者は2005年に導入された設計方法で、高さ60〜100mの鉄骨造に対応しています。

◉鉄骨造の耐火設計

　鉄骨造の耐火設計は比較的明快です。準耐火建築物にする場合、主要構造部を15mm厚の石膏ボードなどで被覆する方法と外壁を防火構造にする方法とがあります。関連法規にちなんで、それぞれイ-2準耐やロ-2準耐などと呼ばれます。

　一方、耐火建築物にする場合は、主要構造部に耐火被覆を施すのが基本です。こうした被覆は、平成12年建設省告示第1399号に例示されたものと個別に大臣認定されたものとに大別できます。もっとも、後者の方が種類が豊富で薄くできたりするため、鉄骨造では大臣認定仕様を用いるのが一般的です（図2）。

　なお、耐火性能検証法という耐火設計方法を用いれば、無被覆の鋼材で耐火建築物を設計することが可能です。この場合は耐火鋼を用いるのが定石です。ただし、耐火塗料が一般化した現在では、塗装した耐火鋼なのか耐火塗料を塗布した普通鋼なのか、一見しただけでは区別できないことも少なくありません。

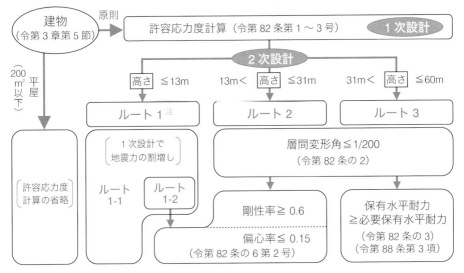

注）次の規模要件も満たす場合のみ適用：延床面積 500m² 以下、3 階建て以下、軒高 9m 以下、柱スパン 12m 以下。
　　なおルート 1-1 は柱スパン 6m 以下、ルート 1-2 は 2 階建て以下の場合に適用。

図 1　鉄骨造の構造設計ルートの骨子

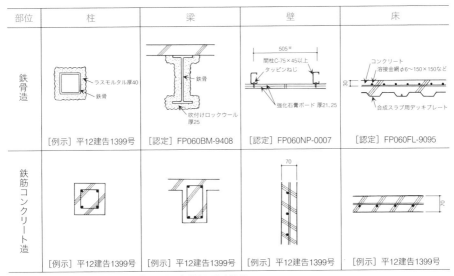

注）寸法（mm）は当該仕様の下限値を示す。ただし※は上限値。

図 2　耐火構造（1 時間）の仕様の例

1・3

鉄骨造建築の技術 ③
外皮の設計手法

◉**平成 28 年省エネルギー基準**

　改正建築物省エネ法 (建築物のエネルギー消費性能の向上に関する法律) が、2021年 4 月から施行されました。適合義務がない規模でも届出義務や説明義務が課されており、すべての建物で表 1 の性能を検討する必要があります。例えば非住宅では、設備に関する一次エネルギー消費量の設計値を求め、その合計を基準値と比較します。基準値を求める原単位は、8 つの建物分類に基づく計 201 種類の室用途に対して告示されています (表 2)。一次エネルギー消費量の設計値は、外皮や諸設備の仕様・数量から求められます。こうした原則的な計算方法は「標準入力法」と呼ばれます。入力項目を簡略化した「モデル建物法」や「小規模版モデル建物法」と呼ばれる計算方法も確立しており、いずれも建築研究所が Web ツールを公開しています。

◉**鉄骨造住宅の外皮設計**

　住宅では、U_A 値 (外皮平均熱貫流率) や η_{AC} 値 (冷房期の平均日射熱取得率) の検討も必須です。U_A 値の計算には、外皮各層の熱抵抗を拾う必要があるので、η_{AC} 値より手間が掛かります。鉄骨造の場合、外皮そのものに含まれる金属部材 (スタッド・胴縁) だけでなく、柱や梁の鉄骨も熱橋になります。このように鉄骨造には複雑な熱橋が生じており、熱損失量を細かく拾うとかなり煩雑な作業になってしまいます。そのため、表 3 に示す実務的方法が用意されています。この方法では、外皮の一般部の断熱性能 (外装材＋断熱補強材の熱抵抗) に応じて、補正熱貫流率 U_{ri} と熱橋の熱貫流率 Ψ_j を引き当てます。なおこの計算方法は、木造住宅の U_A 値の概算方法とは異なることに注意が必要です。

　住宅の外皮には仕様基準も告示されています (表 4)。この基準は、外皮一般部の断熱性能と熱橋の有無に応じて、各部が満たすべき断熱性能を引き当てる構成になっています。つまり表 4 は、鉄骨造の外皮設計の参考資料になることも期待されています。

表1　建築物省エネ法が求める検討項目

建物用途	1次エネルギー消費量	外皮性能（U_A値・η_{AC}値）	摘要（住宅の仕様基準）
非住宅	$\dfrac{設計値}{基準値} \leqq 1$	（適用除外）注	①開口部比率に応じた開口部の仕様基準、②屋根・天井、壁、床の断熱仕様基準、③設備機器の仕様基準
住宅		$\dfrac{設計値}{基準値} \leqq 1$	

注）誘導基準では PAL＊（パルスター）の基準値を満たすことが求められる。

表2　非住宅の一次エネルギー消費量の基準値に関する原単位（一部抜粋）

用途		一次エネルギー消費量の原単位（MJ／年・m²）					〈参考〉 PAL＊注2
建物	室	空調注1	換気	照明	給湯注1	その他	
事務所等	事務室	1,173	0	498	16	498	470
	廊下	790	0	245	0	0	
	機械室	0	769	0	0	0	

注1）地域区分Ⅵ（東京 23 区など）の場合。注2）単位は MJ／年・m²。

表3　鉄骨造住宅の外皮性能計算

〈外皮平均熱貫流率（U_A値）の場合〉

$$U_A = \frac{外皮部位\,i\,の熱損失量\,q_i\,の合計 + 熱橋部分\,j\,の熱損失量\,q_j\,の合計}{外皮面積の合計（一般部分\,i\,の面積\,A_i\,の合計）}$$

$q_i = U_i$（外皮部位 i の熱貫流率）$\times A_i$（外皮部位 i の面積）

　ただし、$U_i = U_{g,i}$（外皮部位 i の断熱部分の熱貫流率）
　　　　　　$+ U_{r,i}$（外皮部位 i の補正熱貫流率）

$q_j = \Psi_j$（熱橋部分 j の線熱貫流率）$\times L_j$（熱橋部分の長さ）

熱抵抗 外装材＋断熱材の	補正熱貫流率 $U_{r,i}$	熱橋部の線熱貫流率 Ψ_j（W／m・K）			
		熱橋部の見付寸法（以下は柱の場合）			
（m²・K／W）	（W／m²・K）	300mm 以上	300〜 200mm	200〜 100mm	100mm 未満
1.7 以上	0.00	0	0	0	0
1.7〜1.5	0.10	0.15	0.12	0.05	0.04
1.5〜1.3	0.13	0.18	0.14	0.06	0.05
1.3〜1.1	0.14	0.20	0.16	0.07	0.06
1.1〜0.9	0.18	0.25	0.18	0.08	0.07
0.9〜0.7	0.22	0.30	0.22	0.11	0.09
0.7〜0.5	0.40	0.35	0.27	0.12	0.10
0.5〜0.3	0.45	0.43	0.32	0.15	0.14
0.3〜0.1	0.60	0.60	0.40	0.18	0.17
0.1 未満	0.70	0.80	0.55	0.25	0.21

次に基づき作成：『平成 28 年省エネルギー基準に準拠した算定・判断の方法及び解説』

表4　鉄骨造住宅の断熱仕様基準

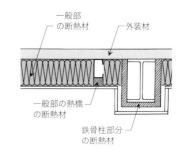

一般部の断熱材
外装材
一般部の熱橋の断熱材
鉄骨柱部分の断熱材

熱抵抗 外装材の（m²・K／W）	の一般部熱橋	断熱材の基準値（m²・K／W）		
		鉄骨柱・梁部分	一般部	の一般部熱橋
0.56 以上	なし	0.08	1.08	―
	あり	0.08	2.22	0.33
0.56〜 0.15	なし	0.31	1.47	―
	あり	0.31	2.22	0.50
0.15 未満	なし	0.63	1.72	―
	あり	0.63	2.22	0.72

表3と同じ文献に基づき作成

1・4　鉄骨造建築の特徴

◉鋼材がもたらす長所と短所

　鉄骨造の特徴は、鉄筋コンクリート造や木造と比較すると、具体的に理解できます（表1）。鋼材は鉄筋コンクリートや木材よりも高強度です。そのため、部材断面を小さくすることが可能であり、鉄骨造ラーメンはスパンの1/20から1/15程度の梁せいになります。その一方で鋼材は重い材料です。7.85t/m³という単位体積質量は、鉄筋コンクリートの3倍を超え、木材の20倍近くに達します。ところが、H形鋼に代表される建築用鋼材は、断面性能が高い形状をしているので、鉄骨造建物は木造と同程度の重さにすることも可能です。

　しかし、部材断面を小さくするほど、座屈現象の細やかな制御が求められます。鋼板構造と呼ばれる架構は、高度な構造計算技術の賜物ですが、造船溶接も行えるような熟練溶接工なしには成立しません。これらの軽快な建築表現では、信頼性の高い塗料も必要不可欠ですが、省エネルギー基準の厳格化は、単純な仕上げがもたらす明快さを奪う一方です。

◉異種材料との融合

　鉄骨造建築の特徴は、鋼材が生み出しているだけではありません。金沢21世紀美術館の特徴の1つは、円盤部分の薄い屋根です。一見すると、3m四方に組まれたH形鋼がこの部分を支えているように見えます。しかし実際は、格子梁に溶接された厚6mmの鋼板とその上の鉄筋コンクリートスラブまでが一体化され、H形鋼単体よりも4倍ほど大きな剛性をもつ合成梁になっています（図1）。

　異種材料の取り合わせが、対比的な視覚効果をもたらすことは言うまでもありません。例えば、大阪芸術大学アートサイエンス学科棟は、直径190mmほどの鉄骨柱と厚400mmの曲面ボイドスラブによって構成されています。その内部空間では、うねるコンクリートスラブが、最長9.3mに達する細身の柱を際立たせる背景になっています。同時に、これらの柱が視覚的な基準線となり、コンクリートスラブの大らかな形状が強調されてもいます（図2）。

表 1　鉄骨造、鉄筋コンクリート造、木造の比較（低層事務所の場合）

構造	鉄骨造	鉄筋コンクリート造	木造（軸組構法）
平面計画	スパン 15m 程度まで	スパン 10m 程度まで	スパン 7.5m 程度まで
柱断面	400 × 400mm 程度＋耐火被覆＋仕上材	700 × 700mm 程度＋仕上材	450 × 450mm 程度＋耐火被覆＋仕上材
梁せい	スパンの 1/20 ～ 1/15 程度。たわみの検討が重要であり、大スパンでは上下振動の検討も必要	スパンの 1/10 程度	スパンの 1/15 ～ 1/10 程度。留意点は鉄骨と同様
部材特性	小断面で済むため部材剛性が低くなりやすい	複合材料であり、コンクリート部分で部材剛性を確保	比強度は高いが接合部に断面欠損が生じる
建物の重さ	0.4 ～ 0.9 t/m²	1.0 ～ 1.6 t/m²	0.3 ～ 0.6 t/m²
基礎・地業	軽量のため基礎工事量を低減できる	－	鉄骨造と同様
品質管理	現場溶接の品質管理が重要	コンクリート強度とかぶり厚さなどの管理が重要	木材等が濡れないよう雨天時の養生が必要
耐震性	塑性変形により地震エネルギーを吸収	主に強度により耐震性を確保	柱梁接合部はピン接合であり、耐力壁によって耐震性を確保
耐久性	鋼材を塗装したり内外装材で覆う	コンクリートの中性化を防ぐ	木材を塗装したり内外装材で覆う
耐火性能	不燃材料であるが耐火構造ではない	耐火構造であり一般に耐火被覆は不要	可燃材料のため所定の耐火被覆が必要
工期	鉄筋コンクリート造よりも工期短縮が可能	－	鉄骨造と同様

次に基づき作成：『性能別に考える S 造設計［構法・ディテール］選定マニュアル』『平成 27 年度木造軸組工法の研究』『荷重指針』

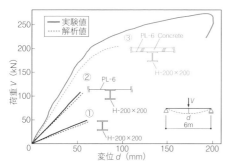

図 1　金沢 21 世紀美術館の合成梁の性能
（設計：SANAA、竣工：2004 年）（出典：「構造計画」（建築技術 2005 年 5 月号））

図 2　大阪芸術大学アートサイエンス学科棟
（設計：SANAA、竣工：2018 年）（撮影：五十嵐太郎）

1・5　鉄骨造建築の材工の担い手

◉建設会社のスタートアップ領域としての小規模鉄骨造

　鉄骨ALC造と通称されるような小規模鉄骨造が、多数建設されています。これらを請負う中小建設会社は、住宅に軸足を置くことが多く（図1(1)）、住宅依存率が高いほど木造を手掛ける傾向が強まります。つまり小規模鉄骨造は、非木造分野へ進出した工務店が、最初に手掛ける業務領域になっています。

　極端に言えば、こうした建物と木造住宅の違いは、躯体と外壁の担い手が大工以外に移ることだけです。言うまでもなく、これらの部材を工事現場に納入するのは鉄骨加工業者やALC販工店ですが、彼らの役割は材料供給だけではありません。前者は鉄骨の建方工事まで担当しており、後者は関連図面の作成まで担当しています（図1(2)）。このように、材工一式で躯体や外壁を請負う下請業者が広く存在するおかげで、小規模鉄骨造は成立しています。

◉鉄骨工事の編成

　鉄骨工事の主な作業は、鉄骨の建て方、高力ボルト締めおよび現場溶接の3つです（図2）。それぞれ鉄骨鳶、鍛冶工、溶接工などと呼ばれる専門の作業員が担当します。もっとも小規模鉄骨造では、鉄骨鳶が鍛冶工を兼ねることがないわけではありません。いずれにせよ、これらの作業員は、鉄骨鳶を含めて鉄骨加工業者による手配が一般的です。さらに超音波探傷試験を行う溶接検査員も必要ですが、この検査は当該工事の溶接に関与していない者が行う必要があります。

　鉄骨加工業者は、保有スキルに応じて5つの工場グレードに分かれます。小規模鉄骨造であればJグレードの工場で部材を製作できます（表1）。しかし、鉄骨加工業者は工事現場の鉄骨工事も担当しており、元請業者によっては現場施工計画書の作成まで依頼していたりします。つまり、鉄骨加工業者の選定に当たっては、鉄骨工事の編成能力も考慮する必要があります。実際、1980年代末には杜撰な鉄骨工事がたびたび問題となりました。また、阪神・淡路大震災では溶接不良を原因とする地震被害も報告されることになりました。

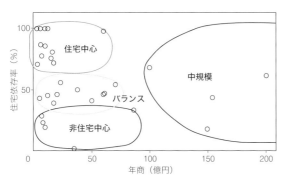

（1）小規模鉄骨造の元請業者の分類

		0%	20%	40%	60%	80%	100%
鉄骨工事	鉄骨軸組詳細図作成（28）	18		4	2	4	
	現場施工計画書作成（27）	21			5	1	
	鉄骨建方工事（28）	3	25				
ALC 工事	ALC 割付図作成（28）	3 3	16		6		
	ALC 詳細図作成（28）	2	22		4		

■ 設計事務所＊ 　■ 施工業者 　■ 鉄骨加工業者
■ ALC 　販工店 　2者共同

（2）小規模鉄骨造の業務分担

図 1 　小規模鉄骨造の元請業者の特性（出典：「都市型住宅生産
システム研究その 10」（『日本建築学会関東支部研究報告集』）（（2）は左記
に基づき作成））

（1）建て方作業

（2）高力ボルトの締結作業

（3）現場溶接作業

図 2 　鉄骨工事

表 1 　鉄骨加工業者の種類

工場グレード	適用範囲の概要
S	制限なし
H	建築物の規模の制限なし 原則として 520N 級以下（板厚 60mm 以下）の鋼材まで 溶接の作業条件は原則として下向、横向および立向姿勢
M	建築物の規模の制限なし 原則として 490N 級以下（板厚 40mm 以下）の鋼材まで 溶接の作業条件は原則として下向と横向姿勢
R	5 階建て以下（延床面積 3,000m² 以内、高さ 20m 以下）の建築物まで 原則として 490N 級以下（板厚 25mm 以下）の鋼材まで 溶接の作業条件は原則として下向姿勢
J	3 階建て以下（延床面積 500m² 以内、高さ 13m 以下、軒高 10m 以下）の建築物まで 原則として 400N 級（板厚 16mm 以下）の鋼材のみ 溶接の作業条件は原則として下向姿勢

次に基づき作成：『建築工事監理指針令和元年版』

1・6 鉄骨造建築の日本市場

◉**日本の建築市場における鉄骨造のポジション**

　21世紀に入り、日本の建築市場に大きな変化がありました。2000年頃までの鉄骨鉄筋コンクリート造（SRC造）は、6階建て以上で大きな存在感があり、建築着工面積の9%近くを占めていました。しかしこの20年間で、RC造や鉄骨造のシェアが高層建物で拡大し、SRC造のシェアは6分の1にまで低下しました。

　こうした変化を抱えながら、近年の日本は年間1.1億m²ほどを新築しています。鉄骨造はその33%を占めており、しかも適用範囲が広いという特徴があります（図1）。例えば、木造は建築着工面積の47%を占めてはいるものの、基本的に中低層しか建てられていません。RC造は6階建て以上が中心で、1・2階建てはほとんど見当たりません。一方、鉄骨造は低層から超高層まで様々な建物に用いられており、特に3〜5階建てのほぼ半分を占めています。

◉**鉄骨造建築の広がり**

　建物用途に目を向けても、鉄骨造の広がりを確認できます。言うまでもなく工場・倉庫は独壇場ですが、鉄骨造は日本の住宅市場の2割ほどを占めています。これは世界に類を見ない現象で、大手住宅メーカーによる工業化住宅（プレファブ住宅）は既に歴史的存在になっています（図2）。

　さらに、鋼材という高強度で理論式にも合致する材料特性を活かし、鉄骨造は興味深い建築表現の実現手段にもなっています。鉄骨造の構造設計の要諦は座屈の制御です。平鋼の細柱をランダム配置した図3の事例の場合、横座屈を踏まえて水平力抵抗柱の耐力を求めたり、積雪時や地震時の座屈を防ぐためにこれらに引張力を導入したりしています。また、不整形な開口部を不規則に設けた図4の事例では、鋼板を大々的に活用した鋼板コンクリート構造によって外殻を形成し、9階建ての無柱建築を実現しています。この作品にはTOD'SというRC造の先行事例も存在しますが、こちらの方では地震力の建物入力を軽減するために免震装置を併用する必要がありました。

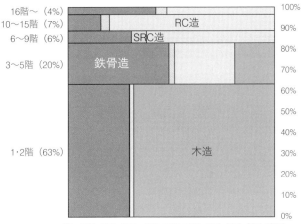

左図は 2010 年代後半の建築着工面積の 5 ヵ年平均の内訳を面積比で表現したもの。
構造別シェアは、木造 47%、鉄骨造 33%、RC 造 18%、SRC 造 2% である。
なおコンクリートブロック造・その他は、建築着工面積の 1% に満たないため割愛した。

図 1 建築着工面積の内訳（2010 年代後半の 5 ヵ年平均）

図 2 国の登録有形文化財になった工業化住宅（積水ハウス A 型、竣工：1963 年）（提供：積水ハウス）

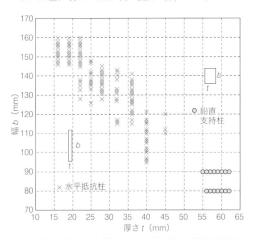

図 3 神奈川工科大学 KAIT 工房の柱の断面形状リスト（設計：石上純也、竣工：2008 年）（出典：「屋根を支える 3 つの構造要素」（『建築技術 2008 年 12 月号』）

図 4 MIKIMOTO Ginza2（設計：伊東豊雄、竣工：2005 年）（撮影：佐藤考一）

1・7　鉄骨造建築の架構

◉**架構の特徴**

　鋼材は高剛性・高強度です。そのため鉄骨造建築の架構は、薄い板状で構成された細長い線状の部材（柱、梁、軸力材等）で構築される場合が多く、軽量化や大規模化が可能です。また鉄骨造には様々なファスナー接合が存在します。そのためコンピュータ上の設計支援ツールを活用することで複雑形状の架構、大空間建築、超高層建築に供されています。一方でRC造の連続体シェルと異なり、離散系構造特有の局所的破壊、例えば座屈（4・8〜4・11）や接合部破壊（4・15〜4・19）が構造設計での留意事項となります。

　大規模建築物では、架構を単一部材で構成するよりも、複数部材のアセンブリとして柱、梁、壁を構成する方策が定石になっています。張弦梁、キール梁、組梁・組柱、ベアリングウォール等を構成した方が、軽量高剛性という鉄骨造の特徴が発揮できるためです。また鉄骨造建築では形状、部材配列、接合方式、初期応力等の構造計画よって全体架構に生じる応力分布を制御し、多様な構造システムが構築されています。代表的な構造システムとして、アーチ構造、スペースフレーム構造、チューブ構造等（図1）があります。

◉**設計で想定される事象**

　超高層建築物の半数近くは鉄骨造です。固有周期が5秒以上の場合、近年は長周期地震動を考慮した設計が行われるようになっており、既存の超高層に対してはそうした地震動を想定した耐震改修も行われています。またレベル2（再現期間500年）の風荷重に対する設計も行われており、高層建築物特有の現象である空力不安定挙動や渦励振への検討も行われています。例えば建築物荷重指針・同解説では、アスペクト比4以上の場合は前者を、7以上の場合は後者を検討するように求めています（図2）。大スパン鉄骨建築物では、最大積雪量以外に積雪荷重分布の変動に注意を要します。建築物荷重指針・同解説では屋根形状、風による偏分布、屋根上滑動による偏分布で屋根上積雪状況を評価する屋根形状係数（図3）が示されています。

(1) 立体トラス構造 (2) 張弦構造 (3) ドーム状構造

(4) スペースフレーム構造 (5) チューブ構造 (6) スーパーラーメン構造

図1 鉄骨造建築の架構 ((1) 提供：太陽工業、(2)～(6) 撮影：西村督)

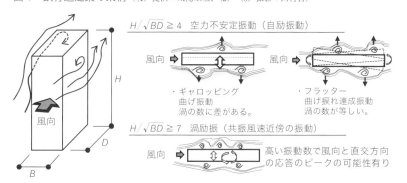

$H/\sqrt{BD} \geq 4$ 空力不安定振動（自励振動）

風向

・ギャロッピング
曲げ振動
渦の数に差がある。

風向

・フラッター
曲げ振れ連成振動
渦の数が等しい。

$H/\sqrt{BD} \geq 7$ 渦励振（共振風速近傍の振動）

風向

高い振動数で風向と直交方向
の応答のピークの可能性有り

図2 風応答を検討する矩形平面建築物のアスペクト比 (出典：『構造物の耐風設計』、『建築物の耐風設計』、『建築物荷重指針・同解説』)

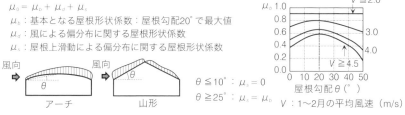

$\mu_b = \mu_b + \mu_d + \mu_s$
μ_b：基本となる屋根形状係数：屋根勾配20°で最大値
μ_d：風による偏分布に関する屋根形状係数
μ_s：屋根上滑動による偏分布に関する屋根形状係数

風向 風向

アーチ 山形

$\theta \leq 10°$：$\mu_s = 0$
$\theta \geq 25°$：$\mu_s = \mu_b$

V：1～2月の平均風速（m/s）

図3 積雪分布の変動を考慮する屋根形状係数μ_b。(出典：『建築物荷重指針・同解説』)

21

1・8 鉄骨造建築の構造計画

◉架構のマクロモデルと応力・変形

　超高層建築物や大スパン建築物の大規模建築の構造計画では、単純化したマクロモデルの理解が重要です。例えば超高層建築で用いられるチューブ構造は外殻の架構をベアリングウォールとした場合、片持ち柱と見なして各部材の応力略算が可能となります。ただし、外殻の剛性によってはせん断変形を無視した平面保持（図1(1)）が成立せず、薄肉箱型断面部材のせん断遅れ（Shear-lag）の応力度分布（図1(2)）と類似の断面力分布になります（図1(3)）。

　塔状比が大きい連層耐震壁構造（図2(1)）は連層壁を耐力が高い片持ち柱と考え、境界梁に塑性ヒンジを形成させる梁崩壊型の設計によって層崩壊を回避する点に長所があります。ただし、連層壁の曲げ変形が卓越し、上層階の層間変位が大きくなる点に注意する必要があります。スーパーラーメン構造は組柱とハット梁やベルト梁といった組梁で大規模なラーメン架構を形成する構造です。ラーメン架構の変形はせん断変形が卓越するので、スーパーラーメン構造（図2(2)）では架構全体で層間変位のばらつきを抑える設計が期待できます。

◉境界条件

　RC造の上に鉄骨造屋根を設けた建物は混構造の典型の1つです。こうした建物では異種構造間の境界条件を適切に計画する必要があります。図3は鉄骨造屋根が矩形平面の境界条件の例です。ライズスパン比が小さい屋根を両端ピン支持すると、固定荷重によって大きなスラストが生じやすいので、下部構造の構面外方向に屋根が水平変位可能なローラー支持の境界条件が用いられます（図3(2)、(4)）。ただし地震時の下部構造の構面外方向変位量を考慮してローラー支点の許容変位を設定することが重要です（4・21の地震による被害を参照）。一方、スラストに抵抗する境界条件として、構面外の剛性が高いRC造の下部構造で支持する境界条件が用いられます（図3(1)、(6)）。屋根架構の反力を荷重として支持架構に作用させて屋根と支持架構を独立に設計する場合と架構全体で設計する場合があります。

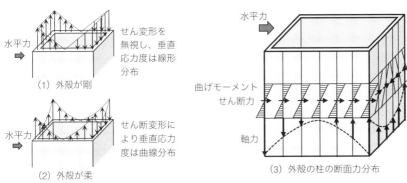

図1 チューブ構造の応力分布 (出典:『力学と構造フォルム─建築構造入門』)

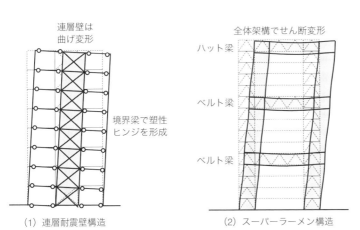

図2 連層耐震壁構造とスーパーラーメン構造

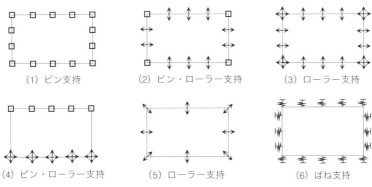

□：ピン支持　　矢印：ローラー支点の移動方向

図3 鉄骨造屋根の境界条件 (出典:『ラチスシェル屋根構造設計指針』)

1・9 鉄骨構造の系譜 ①

◉産業革命の衝撃

　ルネサンスの建築家、アルベルティは、人間の手によって加工する物質よりも、天然の状態ですぐ使える素材の使用を推奨しました。当時は緊結材として鉄が使用されましたが、そもそも少量生産でした。鉄やガラスは古代から使われていた素材ですが、その使用を飛躍的に拡大させたのが、人類の文明を根本的に変えた産業革命です。世界に先駆けたイギリスでは、エブラハム・ダービーが、コークスを用いる製鉄法を開発し、18世紀後半から19世紀にかけて、第二次産業、製造業の比重が高まりました。その背景として木炭の消費により、すでに森林破壊が進行しており、代替材料として石炭への転化が迫られていたことも挙げられます。製鉄工業は桁外れに発展し、まずは機械工業、そして交通や建設業に影響を与えましたが、当初から公共建築で鉄が使われたわけではありません。

　1767年には、トロッコのために、鋳鉄製のレールが作られました。最初期の大型の構築物としては、セバーン川の鋳鉄によるアイアン・ブリッジ（1779年）が、特筆すべき事例です。これは約30mのアーチ橋梁ですが、今なお現存し、世界遺産に登録されました。ほとんど前例がないアイアン・ブリッジに挑戦した理由としては、ここがダービー家の製鉄業が栄えた場所であること、石造アーチだと、それを支持するのには両岸の地盤が弱かったことや建設に時間がかかり過ぎ、水運を長く止めてしまうこと、また木造の橋としてはスパンが長すぎることや交通量が多いためにメンテナンスが大変になることが指摘されています。

◉建築における鉄の導入

　建築の場合、鉄はあまり積極的に見せてはならない材料として導入されました。屋根や柱など、実用的な理由から選ばれ、視覚的な理由ではありません。しかし、鋳鉄柱の細さは、それまでの石造の建築になかったプロポーションであり、新しい美的な感覚を生みだしたはずです。実際、アンリ・ラブルーストはサント・ジュヌヴィエーヴ図書館（1850年）や旧国立図書館の閲覧室（1867年）において、円筒

ヴォールトやドームを細い鉄柱で支えました。19 世紀の中頃には、最近、誕生した工業の新しい方法が実用化したとき、人類は全く新しい建築を生みだすだろう、という言葉が記されました。一方でクリスタル・パレス（1851 年）に対して、建築家のピュージンは「ガラスの怪物」と批判し、批評家のジョン・ラスキンは鉄道駅は建築になりえない、もしくは新様式は不要であると述べています。

表 1　鉄骨構造の歴史①

18 世紀	コークス高炉が発明され、良質の鋳鉄が製造される（英）
1779 年	世界初の鋳鉄橋、アイアン・ブリッジ（英）
1823 年	ジョン・ナッシュによる鋳鉄を用いた**ロイヤル・パヴィリオン**（英）
1830 年	マンチェスター・リバプール鉄道の開通
1850 年	アンリ・ラブルーストによる、**サント・ジュヌヴィエーヴ図書館**（仏）
1851 年	ロンドン万博において鋳鉄造の**クリスタル・パレス**が登場（英）
1853 年	ヴィクトル・バルタールの設計による**パリの中央市場**（仏）
1856 年	ベッセマーによる転炉の発明（英）
1864 年	ジーメンズとマルタンが平炉を発明（英仏）
1865 年	巨大なガラス屋根に覆われた**ミラノのガレリア**が登場（伊）
1868 年	スパン 73m、長さ 209m を覆う、ロンドンの**セント・パンクラス駅**
	ヴィオレ・ル・デュクが鉄のヴォールトと組積造を組み合わせた集会場案を構想（仏）
1880 年代	シカゴ派による鉄骨造の高層建築が出現（米）
1889 年	パリ万博に高さ 300m の**エッフェル塔**とスパン 115m の**機械館**が登場
1890 年代	装飾的に鉄を使うアール・ヌーヴォーが登場
1891 年	濃尾地震の発生後、鉄骨造が注目され、横川民輔が導入を促進（日）
1901 年	**官営八幡製鉄所**の操業開始
1906 年	オットー・ワグナーによる**ウィーン郵便貯金局**（墺）
1910 年	ペーター・ベーレンスによる **AEG タービン工場**（独）
1919 年	航空学者ユンカースが世界初の全金属製の飛行機を制作（独）
1920 年	タトリンやリシツキーら、ロシア構成主義が大胆な鉄骨建築の提案
1922 年	アルバート・カーンによる**フォード社のルージュ工場**（米）
1929 年	ウラジミール・シューホフのラジオ塔（露）
1931 年	高さ 443m の**エンパイア・ステート・ビル**（米）
1933 年	チェルニホフ『建築ファンタジー』が幻想的な鉄骨イメージを展開（露）
1937 年	坂倉準三による鉄骨造の**パリ万博日本館**が高く評価される
	戦時体制のため鉄鋼工作物建築造許可規制が公布され、鉄骨の工事が中断される（日）

1・10 鉄骨構造の系譜 ②

◉第一機械時代の美学

建築史家のレイナー・バンハムは『第一機械時代の理論とデザイン』（1960年）において、この一世紀半は光と熱（焔）、石炭にもとづく産業時代であり、機械を人間の尺度に合わせて変換させる時代とし、自動車を象徴的な機械とみなしました。これに対し、20世紀後半はすでに第二機械時代を迎え、家庭電化と合成化学の時代ゆえに、ラジオや冷蔵庫などの登場によって、婦人も操作できる家庭の小型機械が活躍すると述べています。第一機械時代において興味深いのは、イギリスやフランスよりも産業革命に遅れたイタリアとドイツの20世紀初頭に、むしろ機械化を賛美する前衛的な運動が登場したことでした。すなわち、ダイナミックな造形をめざした未来派と、工業製品の改善に取り組んだドイツ工作連盟です。

ドイツ工作連盟のヘルマン・ムテジウスは、工学的な構造をもつ橋梁、駅のホール、燈台、穀物サイロなどが美的に優れていると考え、デザインの基盤として規格化の推進を提唱しました。もっとも、彼は新古典主義の感覚も維持しています。そうした傾向は、ペーター・ベーレンスのAEGタービン工場（1910年）にも認めることができます。これは鉄骨の3ヒンジアーチによる折れ屋根をもち、内側ではタイビームによってスラストを抑え込みますが、外観は神殿のペディメントのようにも見えます。また先細りの鉄骨柱の反復は、古典主義建築の列柱も想起させるでしょう。つまり、鉄骨の建築でありながら、前時代のデザインが残っています。またル・コルビュジエ、エーリッヒ・メンデルゾーン、岸田日出刀らのモダニズムの建築家は、工場やアメリカのビルなどの写真を著作に数多く用いて、新時代の美を表現しました。

◉鉄骨を表現する建築

19世紀末のシカゴに始まり、20世紀初頭のニューヨークで、いち早く鉄骨構造の摩天楼が建設されたアメリカでも、しばらくは外観に過去の様式をまとっていました。本格的に鉄骨を表現したのは、ミース・ファン・デル・ローエを端緒とする戦

後の高層ビルです。次に積極的に鉄骨の構造をむき出しにしたのは、1970年代以降のハイテックのデザインでしょう。もっとも、実作はありませんでしたが、これに先駆けて、ハイテックのイメージをポップに表現したのは、1960年代のアーキグラムかもしれません。また大空間の架構、あるいは透明性や軽さを特徴とする1990年代以降の「ライト・コンストラクション」と呼ばれたデザインなどにも、鉄骨造は活躍しました。そして鉄骨造の新しい可能性をさらに切り開いたのは、20世紀末から設計・生産・施工のプロセスに導入されたコンピュータでした。

表1　鉄骨構造の歴史②

1949 年	イームズ自邸（米）
1952-53 年	LD 転炉が発明され、製鋼炉の主流となる
1953 年	コンラッド・ワックスマンによる米空軍のための格納庫システム
1950 年代	アシモフの SF 小説『鋼鉄都市』、漫画『鉄腕アトム』や『鉄人 28 号』
1958 年	ミース・ファン・デル・ローエによるシーグラム・ビル（米）
1959 年	プレファブ住宅の原点となるミゼットハウスの販売
1961 年	テンセグリティ構造による、ロンドン動物園の鳥小屋（英）
1964 年	国立代々木競技場と鋼板モノコック構造の京都タワーが登場
1966 年	コルゲートパイプによる川合健二自邸
1967 年	バックミンスター・フラーによる、モントリオール万博のアメリカ館（加）
1960 年代	アーキグラムがラディカルな鉄骨建築のイメージを描く（英）
1971 年	鉄骨ユニット住宅のセキスイハイム M1 を販売
1972 年	フライ・オットーによる吊り屋根構造のミュンヘンオリンピック競技場（独）
1972 年	黒川紀章の中銀カプセルタワー
1977 年	パリにポンピドー・センターが登場し、ハイテック建築の嚆矢となる
1986 年	吊り構造の床をもつハイテック建築の記念碑、香港上海銀行
1989 年	I.M. ペイによるルーブル美術館の透明なピラミッド（仏）
1994 年	レンゾ・ピアノによる関西国際空港旅客ターミナル
1995 年	ニューヨーク近代美術館にて「ライト・コンストラクション」展を開催
1997 年	フランク・ゲーリーのビルバオ・グッゲンハイム美術館（葡）
2000 年	伊東豊雄による、せんだいメディアテーク／ライヒスターク
2001 年	911 の同時多発テロによって世界貿易センターが倒壊（米）
2004 年	OMA によるシアトル公立図書館（米）
2012 年	高強度鋼管を用いた、高さ 634m の東京スカイツリー
2015 年	ニューヨーク国連本部において SDGs が採択され、鉄の再利用に注目
2021 年	世界初の 3D プリントによる鉄骨造の橋がアムステルダムに完成（蘭）

鉄を介した建築と乗り物の接点

　建築と乗り物は、前者が動かないのに対し、後者が移動するという決定的な違いはありますが、いずれもその内部で人が過ごす空間をもちます。モダニズムの時代において、ル・コルビュジエは、大型客船、飛行機、自動車などの乗り物を機能主義のモデルとみなしました。またバックミンスター・フラーは、未来的なデザインによって、金属製の住宅も自動車も構想しています。ハイテックの建築家で知られるノーマン・フォスターは、子供のときに最初に描いたスケッチは飛行機であり、パイロットに憧れ、操縦免許をもっています。ちなみに、彼がフラーと会話したとき、あなたのビルの重さはどれくらいなのか？と聞かれたそうです。

　せんだいメディテークのハニカム構造を作る際は、鋼板を精密に溶接する造船技術が必要となり、気仙沼の高橋工業が施工しました。山田守の京都タワー（図1）は、ビルの上に塔がのる特殊な形式ですが、鉄骨のトラスを使わない、モノコック構造であることも重要でしょう。実はこの建築は、新幹線が開通した年に竣工したのですが、その車両も流線型のモノコック構造です。そうすると、駅前の京都タワーは、新幹線の車両を垂直に立てたような建築として考えられるかもしれません。

図1　和ローソクと形容された京都タワー（設計：山田守、竣工 1964 年）

2

鉄骨造を活かした
建築表現

2・1　鉄骨造を躍進させた万博

◉水晶宮の衝撃

　世界各地のプロダクトを集めて展示する国際博覧会というシステムは、近代に始まりました。公式な万博の第一回となった1851年のロンドン万博は、産業革命をいち早く推進していたイギリスで開催されたように、新しい技術を紹介しつつ、工業力を誇示する場としても機能します。そこではモノだけでなく、展示する器となった期間限定の建築も、画期的なデザインを提示しました。特にロンドン万博の水晶宮、すなわちクリスタル・パレスは、鋳鉄とガラスを用いて、巨大な空間（563m × 139m）を出現させ、建築の歴史を更新しました。かくして組積造の壁に囲まれた重厚な建築とは違い、人工照明が未発達だった時代に十分な太陽光が室内に差し込む、明るい空間が実現しました。

　クリスタル・パレスがモジュール化された軽量のプレファブ部材によって、短い工期で効率的に建設されたことも特筆すべきです。実は設計者のジョセフ・パクストンは、既存の様式デザインを学んだ建築家ではなく、温室を得意とする造園の技術者でした。温室は、異国の植民地から運ばれた熱帯の植物を栽培するための、ガラスに包まれた人工環境です。つまり、もともとは植物のための技術が、博覧会の展示施設に応用されたのが、水晶宮でした。ちなみに、水晶宮の空間は、敷地にあった楡の木も内包しています（図1）。

◉針と球の構築物

　1889年のパリ万博でも、エッフェル塔と機械館が登場しました。前者は現在も都市のランドマークとして残っている高さ300mの鉄塔、後者は3ヒンジアーチのスパンが115m、高さが48mに及ぶ、長さ420mの大空間です（図2）。建築史家のジークフリート・ギーディオンは、エレベータでエッフェル塔を昇る空間体験が、いかに斬新なものだったかについて、こう論じました。透け透けのトラス構造ゆえに、内部空間と外部空間が相互貫入する近代的な空間概念を実現している、と。なお、設計者のギュスターヴ・エッフェルも、技術者でした。建築家ではないからこそ、

新しい材料と構造の可能性に対し、既存の枠組みにとらわれないデザインに踏み切れたのかもしれません。

　1967年のモントリオール万博のアメリカ館（図4）は、発明家的な技術者であり、思想家的な側面ももつバックミンスター・フラーが設計しました。これは直径76mの巨大なドーム状の構築物です。テンセグリティ(完全張力構造)の鋼材トラスによって構成され、アクリルを嵌め込み、透明な空間になりました。アメリカ館は、最小限の構造体によって最大限の空間を包む、という彼の思想を体現したパヴィリオンです。

図1　クリスタル・パレスの模型（設計：ジョセフ・パクストン、竣工：1851年）

図2　エッフェル塔（設計：ギュスターヴ・エッフェル、竣工：1889年）の見上げ

図3　機械館の模型

図4　モントリオール万博アメリカ館（設計：バックミンスター・フラー、竣工：1967年）（提供：鬥座基道）

2·2 　交通施設の空間

◉駅と空港

　人類の歴史において、19世紀に登場した鉄道は、それまでの交通を根本から変えました。大量移動のツーリズムが可能になり、万博というイベントも生まれましたが、なによりも駅舎というまったく新しいビルディングタイプが出現します。もっとも、鉄骨造の大屋根が包むプラットフォームは技術者が担当したのに対し、都市の顔となるファサードは様式や装飾を学んだ建築家が担当するなど、しばしば外部と内部のデザインの断絶が認められました。例えば、パリの北駅（図1）は、内部は近代的な大空間ですが、外観はオーダーが並ぶ古典主義です。もっとも、よく観察すると、内部の空間構成に合わせて、巨大なルネット（半円の窓）を設けることで採光しているので、昔の古典主義とは違うものに変容していました。

　鉄骨造による柱が少ない大空間は、空港でも活躍しました。関西国際空港旅客ターミナル（図2）は、ハイテックのデザインで知られるレンゾ・ピアノと岡部憲明が設計し、交通施設としては（また外国人建築家の作品としても）数少ない日本建築学会賞（作品）を受賞しました。その鉄骨トラスの屋根は、半径16.4kmの弧に従い、ゆるやかな曲線を描く幾何学的なルール、内部では気流の動きにも配慮し、かたちを決定しています。全体としては、移動する人々をやわらかく覆うシェルターのイメージした空間をめざした建築でした。

◉橋とキャノピー

　美しい構造をもつ土木のデザインで活躍するローラン・ネイが、渡邊竜一と組んで、日本で手がけた現代的なプロジェクトをとりあげます。長崎の出島表門橋（図3）は、史跡の出島側に橋台を設置できないため、特殊な構造を採用しました。すなわち、対岸にシーソーのようにバランスをとる支点とカウンターウエイトを配し、死荷重時は片持ち、活荷重時も出島側の反力を最小限とする連続桁に変化します。また三角港キャノピー（図4）は、熊本の三角駅とフェリー乗り場をつなぐ、全長200mの屋根付きの通路として作られました。先端がすぼまり、ピン接合する鋳鋼

の柱が一本の列によって、幅5mの鋼板の屋根を支え、浮遊感を演出しています。また支柱の位置を内側に偏心させていますが、屋根が円弧になっていることで、リングガーダーのような構造として成立させました。力強いだけが、土木のデザインではありません。こうした繊細な操作によって、環境や風景に調和する構築物をめざしたのです。

図1　パリの北駅（竣工：1865年）

図2　関西国際空港旅客ターミナル（設計：レンゾ・ピアノ、竣工：1994年）

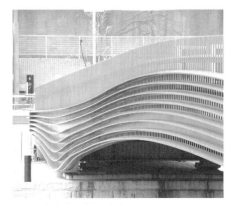

図3　出島表門橋の支点（設計：ローラン・ネイ、渡邉竜一、竣工：2017年）

図4　三角港キャノピー（設計：ローラン・ネイ、渡邉竜一、竣工：2016年）

2・3　鉄と木のハイブリッド

◉伝統建築への介入

　奈良の東大寺は、日本の木造としては最大級の建築として知られています。しかし、その大きさゆえに、構造の無理が生じたために、明治末の大修理では、小屋組にイギリス製の鉄骨トラスを挿入することで補強し、現在も大屋根を支えています。もちろん、これは屋根裏なので見えない部分ですが、伝統建築の補強では、ときどき鉄が使われることがありました。例えば、鉄骨の支柱を新しく加え、その表面を檜材で覆うこと。あるいは、本堂の背面に鉄骨の方杖、側面に鉄骨柱を足すこと。東大寺と違い、文化財としての重要度が低い場合は、外観の変更を伴うケースが認められます。

　1976年度の日本建築学会賞（作品）を受賞した、山崎泰孝による名古屋の善光寺別院願王寺（図1）は、驚くべき改造、いや新築を行いました。大屋根をもつ昭和初期の木造建築に対し、新しい三角屋根の外観を与え、その内部に元のお堂の一部が鞘堂形式で残されています。もっとも、木造部分はやや唐突に柱が切断され、それらに沿った鉄骨の柱のみが天井まで到達し、実際に屋根を支えています。写真は、部分的に残された木造のフレームまわりを鉄骨建築が囲む状況を示しています。

◉鉄と木の新しい関係

　宮本佳明による宝塚のゼンカイ・ハウス（図2、図3）は、阪神・淡路大震災によって全壊判定された築100年の木造家屋を解体せず、過激なリノベーションによって、実家を事務所として再生させ、大きな注目を集めました。既存の木造部分を残しつつ、鉄骨のフレームを挿入して補強したものですが、生活に支障をきたさないよう配されたため、鉄骨はかなりイレギュラーに空間を貫通しています。その結果、建築がギブスをはめたままのような、痛々しさの記憶を感じさせるデザインになりました。ゼンカイ・ハウスは、異なる素材の同居によって、それぞれの特性を互いに引き立てたのです。

　21世紀に入り、日本の建築界では木の復権が唱えられるようになりましたが、そ

の波にうまくのったのが、隈研吾です。彼は新しい素材の使い方を実験する建築家ですが、馬頭町広重美術館（図4）を契機に、鉄骨の表層に木のルーバーを反復するという方法も編みだし、様々に展開しました。国立競技場（2019年）は、木の積極的な使用によって、鉄の存在感を減らしました。また静岡の日本平夢テラス（2018年）も鉄骨造ですが（最上部は木造）、法隆寺の夢殿のイメージを重ね合わせており、県産材をふんだんに用いています。

図1　善光寺別院願王寺（設計：山崎泰孝、改修：1976年）

図2　ゼンカイハウス（設計：宮本佳明、改修：1997年）の外観

図3　ゼンカイハウスの内観

図4　馬頭町広重美術館（設計：隈研吾、竣工：2000年）の細部

2・4 ミース・ファン・デル・ローエの表現

◉柱の変容

　モダニズムの巨匠、ミースと言えば、鉄とガラスの建築が思いだされるでしょう。もっとも、最初期の作品は、レンガやコンクリートの壁が多く、まだ鉄の建築家というイメージではありません。しかし、ヨーロッパ時代の代表作であるバルセロナ・パヴィリオン（1929 年）では、クロームメッキされた鋼による十字形の断面をもつ柱が 8 本が導入され、大理石の壁とせめぎあう空間を実現しました。またトゥーゲンハット邸（図 1）も、彼は同様にクロームメッキされた十字形の柱を使っています。この住宅は、壁が少なくなったことによって、十字の反復が開放的なグリッドの空間を示唆するでしょう。しかし、戦後のアメリカで実現したファンズワース邸（1951 年）では、8 本の柱が I 型鋼に変わり、それらはガラス面よりも外側に付き、スラブを地面からもち上げ、浮遊した空間になりました。また外周はガラス面となり、室内もわずかな壁しかないために、柱が主役の建築です。

◉レトリックとしての表現

　以上はストレートな柱の表現ですが、一方でミースはレトリカルなデザインを試みています。彼が多くの建物を設計したシカゴのイリノイ工科大学の同窓会館（図2）は、H 形鋼がコンクリートによって耐火被覆されるために、外観のコーナーにおいて、鉄板をかぶせ、さらに I 形鋼を組み合わせました。すなわち、本来の構造が隠されてしまうことに対し、わざわざ鉄骨ラーメンの構造を想起させるような意匠を加えています。モダニズムは正直な表現であることを重視しましたが、ある意味でこれはかなりねじれた方法と言えるでしょう。

　ミースは高層建築でも、独自の美学による表現を開発しました。レイクショア・ドライブ・アパート 860/880（図3）は、鉄とガラスのカーテン・ウォールの建築ですが、H 形鋼の柱をいったんコンクリートで覆い、その外側に鉄板でカバーし、さらに小さい I 形鋼を付けました。これと同じ I 形鋼は、あいだのマリオンにも溶接し、全体をリズミカルに分節しつつ、垂直性を強調しています。なお、レイクショア・

ドライブ・アパートの足元は、吹き放ちの空間をもち、ここでは I 形鋼は付加せず、林立する柱を見せました。ただし、むきだしの H 形鋼ではなく、やはりコンクリートで覆ったうえに鉄板をかぶせた矩形の柱です。その後、ニューヨークのシーグラム・ビル（図 4）を含めて、高層ビルにおいて彼は、こうした手法を基本としながら、様々なディテールを試みました。ミースのデザインについては、八束はじめ『ミースという神話』（彰国社、2001 年）に詳しく論じられているので、もっと知りたい読者におすすめします。

図 1　トゥーゲンハット邸（設計：M・V・D・ローエ、竣工：1930 年）

図 2　イリノイ工科大学の同窓会館（設計：M・V・D・ローエ、竣工：1945 年）の細部

図 3　レイクショア・ドライブ・アパート（設計：M・V・D・ローエ、竣工：1951 年）

図 4　シーグラム・ビル（設計：M・V・D・ローエ、竣工：1958 年）

2·5　プレファブ住宅、あるいは工業化の実験

◉日本の商品化住宅

　20世紀のモダニズムにおいて、バウハウスやCIAM（近代建築国際会議）も取り組んだように、建設の工業化は重要な試みでした。日本の商品化された最初のプレファブ住宅としては、1959年に大和ハウス工業が百貨店などでプロモーションを行い、販売した軽量鉄骨とパネルによるミゼットハウス（図1）が挙げられます。工場で作られたパーツをトラックで現場に運び、1日で組み立て、外観は家型の三角屋根をもちます。ミゼットハウスは、3坪というサイズから離れの勉強部屋などの用途が想定されました。その背景としては、鉄の特需が起きた朝鮮戦争（1950-53年）が終わった後の鉄の活用法を見据えて、同社が開発した鋼管によるパイプハウス（1955年）があり、これは国鉄の倉庫や建設現場の宿舎などに使われました。なお、同時代には池辺陽や広瀬鎌二などの建築家も、プレファブや寸法体系の開発に取り組んでいます。

　また「住宅生産の完全工業化」をめざし、工場で組み立てた鉄骨ラーメン構造の箱型ユニット（幅2.4m、長さ5.6m、高さ2.7m、広さ4坪）を運ぶというシステムも実現されました。大野勝彦が開発したセキスイハイムM1（図2）は、トラックがユニット群を運び、クレーンで並べたり、積んで、それらを接続するだけで完成する画期的な住宅で、1970年に発表されました。積み木のように、箱を組み合わせた即物的なデザインです。もっとも、その後の住宅産業は、装飾的な要素も入れるようになり、イメージを売りだすようになりました。

　セキスイハイムM1のような発想は、メタボリズムを提唱した黒川紀章が設計した未来的なイメージの中銀カプセルタワー（図3）にも共通します。これは円形の丸窓、ベッドやユニットバスなどの内装を備えた、カプセルを集合させたマンションです。カプセルは当初、モノコック構造をめざしましたが、軽量鉄骨の全溶接トラス構造によって工場で作られました。

●イームズ邸のカタログ感覚

　デザイナーとして活躍したチャールズ・アンド・レイ・イームズの夫妻によるロサンゼルスの自邸（図4、1949年）は、鉄骨のフレームによるシンプルな構造の建築です。そして緻密なカラー・スタディにもとづき、壁は赤・青・黄のパネル、あるいは透明、半透明、網入りの3種類のガラスを嵌め込み、やはりパズルのような印象を与えます。彼らは、こうした部材をすべてカタログの既製品から選んで設計したのですが、窓やドアは住宅用ではなく、工場用の規格品を使うなど、選択の仕方によって、オリジナリティを生みだしました。カタログ化された商品を消費する資本主義の大国において、そのシステムを利用し、既製品の組み合わせこそが、逆に独創な空間を生んだのです。

図1　ミゼットハウスの展示

図2　セキスイハイム M1 （提供：積水化学工業）

図3　中銀カプセルタワー（設計：黒川紀章、
竣工：1972年）

図4　イームズ邸の詳細を紹介した本
（出典：『Charles and Ray Eames: Eames House-Architecture
in Detail』表紙）

2・6 屋根というシンボリズム

◉都市のランドマーク

　日本の古建築は、西洋の建築に比べると、外観における屋根のヴォリュームが大きく、しばしばシンボリックな意味を獲得しています。モダニズムは象徴的な表現を嫌いましたが、20世紀後半には、屋根の造形を特徴とした現代建築が登場しました。最も有名な作品は、1964年の東京オリンピックに合わせて建設された、丹下健三による国立代々木競技場（図1）でしょう。当時の建築界では、モダニズムと伝統の関係が議論されていましたが、鋼の張力を活かした吊り構造によって実現した、大空間を覆う曲面を描く屋根は、日本らしさを表現するものとして高く評価されました。特に第一体育館は、吊り橋のような構造をもち、2本の主柱のあいだに2本のメインケーブルを架ける一方で、両方の外側はバックステイで引っ張り、地上のアンカーブロックでおさえています。またメインケーブルからは、スタンドの外周に吊り材を渡して、屋根全体を吊ります。

　明治以降、西洋の建築の動向を追いかけていた日本が、1960年代には世界に並ぶどころか、追い抜くような前衛的なデザインを実現するようになりました。メタボリズムの建築論で知られる菊竹清訓が設計した都城市民会館（図2）も、まるで怪獣のような、強烈な外観をもちます。コンクリートの躯体から放射状に鉄骨のフレームが広がり、そこからホールの屋根を吊るダイナミックな構造デザインは、世界でただひとつの個性的なランドマークでした。しかし、保存運動があったものの、老朽化を理由に、残念ながら、2020年に解体され、都城はどこにでもある地方都市と同じ風景になりました。

◉コンピュータの活用

　長谷川逸子のフルーツミュージアム（図3、図4）は、1960年代の重厚なデザインに対し、現代的な透明感や軽やかさを表現しています。これは3つの鉄骨のドームから構成されますが、コンピュータによる3次元モデルの解析を行うことによって、従来の半球状といった幾何学的に定義しやすいかたちではなく、施設のテーマ

である果物を連想させるようなかわいらしいかたちを実現しました。くだもの広場は、中央から立ち上がり、周囲に垂れ下がる、柳のような樹状の構造フレームをもちます。トロピカル温室のかたちは、種子をイメージしたものです。そしてくだもの工房は、外周の鉄骨フレームにガラスをはめず、つる性の果樹を育てるパーゴラとし、その内部にガラス張りの鉄骨建築を挿入しました。ちなみに、池の形態もぶどうの房が着想源になっています。

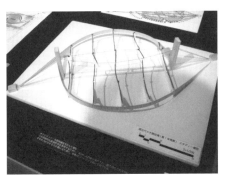

図1　国立代々木競技場（設計：丹下健三、竣工：1964年）の構造を説明する模型

図2　都城市民会館（設計：菊竹清訓、竣工：1966年）

図3　フルーツミュージアム（設計：長谷川逸子、竣工：1995年）のくだもの工房

図4　フルーツミュージアムのトロピカル温室

2・7 コルゲートパイプ変奏曲

◉**発明家としての川合健二**

　コルゲートパイプは、波形状の鋼板製のパイプであり、以下のような特徴をもっています。軽くて強いこと、ボルトで組み立てができ、施工が容易であること、人力でも運搬できること、耐久性があること、そして経済的であること。これは土木用の材料として活躍しているものですが、その特性を活かして、実験的な建築にも使われました。もともと設備設計家だった川合健二は、1966年、コルゲートパイプによる自邸をセルフビルドによって完成させます（図1）。のり巻きのようなヴォリュームが、ごろんと大地に置かれており、建築の基礎もありません。室内は、床、壁、天井の区別がなく、連続したコルゲートパイプの面です。純粋に材料の可能性を探求したことによって成立した発明的な住宅は、建築界に驚きをあたえました。

　これに触発された石山修武も、商品化住宅における建築生産のシステムを疑い、セルフビルドを提唱した建築家であり、コルゲートパイプの住宅を試みました。幻庵（図2）や開拓者の家（1986年）です。趣味を楽しむ週末住宅として作られた前者は、おむすび型のシルエットをもちますが、川合との大きな違いは、豊穣な装飾です。機能主義的には不必要ですが、ユニークな鉄の細工があちこちに施され、シンボリックなステンドグラスもついています。ファサードもよく見ると、どことなく顔のように見えるユニークなデザインです。したがって、幻庵は、工業的な部材を用いた現代の数寄屋と言えるかもしれません。

◉**内外を撹乱させる遠藤秀平**

　遠藤秀平は、駅舎やトイレなど、様々なプロジェクトでコルゲートパイプを用いていますが、実家の敷地にやはりセルフビルドで作られたSpringtectureびわ（図3、図4）は上記の建築とは異なる空間の性格をもっています。これは全長90m、幅5m、厚さ2.7mmの鋼板を斜めにずらしながら、ぐるぐると巻くという考え方の建築で、実際は平面のパーツと曲面加工されたパーツを2種類のボルトで接合して、施工しました、その結果、同じ面が内部や外部になったり、コルゲートパイプのズレが作

42

る隙間が開口部に使われました。つまり、閉じたリングではなく、内部と外部を巻き込むリボンなのです。同じモチーフにもとづく、3人の建築家のバリエーションは、西洋の古典主義建築の展開を想起させます。すなわち、テクノロジーによる建築の革新を伴うルネサンス、技巧的な細部を組み込んだマニエリスム、そしてダイナミックな空間を演出したバロックが、それぞれの作品の性格に対応するように思われます。

図1　川合健二邸（設計：川合健二、竣工：1966年）

図2　幻庵（設計：石山修武、竣工：1975年）

図3　Springtecture びわ（設計：遠藤秀平、竣工：2002年）

図4　Springtecture びわの模型

2・8 ハイテックの冒険

◉構造を可視化する

　1970年代から1980年代にかけて、構造や設備を隠さず、外側に出して表現するハイテックと呼ばれるデザインが注目されました。当時勃興しつつあった装飾過多なポストモダンに対して、技術を可視化する後期モダニズムというべき動向です。そのシンボリックな作品として知られるのが、パリの都心に登場し、工場のような外観ゆえに、賛否が寄せられたポンピドー・センター（図1）でした。1960年代にアーキグラムが、技術的な裏付けなしに描いたメカニックな建築のポップなドローイングが露払いとなって、そうしたイメージをあらかじめ提示していたことも、影響を与えたと思われます。ともあれ、先端が細くなり、柔らかい印象の片持ち梁が張り出す構造体やカラフルに塗られた配管によって、ポンピドー・センターは、内部に無柱の大空間を確保し、近現代美術のためのフレキシブルな展示室を実現しました。

　これを設計したレンゾ・ピアノとリチャード・ロジャースは、それぞれ鉄を活用するハイテック・デザインの旗手として活躍しました。前者は気流の動きによって空間の断面形状を決定した鉄骨トラスの屋根をもつ関西国際空港旅客ターミナルビル（2・2図2）、後者はメタリックな銀色の外観をもつロイズ・オブ・ロンドン（図2）などを手がけています。ロジャースは、洗練されたピアノの表現に対し、過剰にメカニズムを表現し、ギミックに満ちたデザインを展開しました。

◉サステイナブルな建築へ

　ハイテックは先端的なイメージを伴うデザインですが、外部に構造をむきだしにするという意味では、中世のゴシック建築とも似ています。ハイテックの記念碑的なビルとしては、ノーマン・フォスターの香港上海銀行（図3）が挙げられます。やはり、吊り構造による大胆な空間の構成、あるいはエスカレータなどの動線や設備ユニットを露出しました。またジャン・ヌーヴェルによるアラブ世界研究所（1987年）は、幾何学パターンのアルミニウムのファサードが、イスラムの建築を

44

連想させると同時に、カメラの絞り羽根のように開閉することによって太陽光を調整する仕組みを備えています。

　フォスターは、世界各地で空港を手がける一方、ベルリンの国会議事堂の上に鉄とガラスのドームをのせたライヒスターク（2000 年）のように、歴史建築とハイテクの対比も得意としました。また彼は、コメルツ銀行タワー（図4）など、自然エネルギーや緑を積極的にとり込み、サステイナブル・デザインの可能性を追求する建築家としても知られています。

図1　ポンピドー・センター（設計：レンゾ・ピアノ、リチャード・ロジャーズ、竣工：1977 年）

図2　ロイズ・オブ・ロンドン（設計：リチャード・ロジャーズ、竣工：1986 年）

図3　香港上海銀行（設計：ノーマン・フォスター、竣工：1986 年）

図4　コメルツ銀行タワー（設計：ノーマン・フォスター、竣工：1997 年）

2・9　脱構築主義からアイコン建築へ

◉脱構築主義の展開

　20世紀の初頭、ロシアの社会主義革命の時代に安定したデザインを崩すような建築の前衛運動が登場しました。これをロシア構成主義と呼びましたが、当時はあまり実現した作品はなく、1980年代に再発見されました。ニューヨーク近代美術館で開催された「ディコンストラクティヴィスト（脱構築主義者）の建築」展（1988年）で紹介された事例は、ロシア構成主義の隔世遺伝というべき形態の類似性をもっていたからです。例えば、ベルナール・チュミによるパリのラ・ヴィレット公園（図1）は、斜めの要素や傾いた造形をもつ赤いフォリー群を散りばめました。これらは合理的な鉄骨の構造ではなく、むしろそれを崩すような形態の遊戯のバリエーションとして構想されたものです。

　ディコン展で紹介された建築家は、やがて世界各地にランドマークとなる建築を手がけるようになりました。フランク・ゲーリーのビルバオ・グッゲンハイム美術館（図2）は、流動的な曲面の集合による巨大な彫刻のようなデザインが話題となり、多くの観光客を呼び込むことに成功しました。鉄骨の複雑な骨組をチタンの合金によって包む、銀色の外装も強烈です。過激なスタディ模型を立体的にスキャンした後、航空宇宙工学で用いる3次元CADソフト（CATIA）を活用し、モデリングが行われました。コンピュータは設計や構造解析だけではなく、ひとつひとつ形状が異なるチタンを切り出す素材加工のプロセスにも連動しています。そうした意味で、ビルバオ・グッゲンハイム美術館は、20世紀最後の重要なランドマークであるとともに、21世紀を予見する建築になりました。

◉都市を代表する建築

　グローバリズムの席巻とともに、アイコン建築と命名された現象が顕著になりました。すなわち、素人目にもわかりやすいユニークな形態をもち、それ自体が新しい都市の記号となるようなデザインです。ビルバオ・グッゲンハイム美術館はその嚆矢となりましたが、やはりディコン展で紹介されたザハ・ハディドやOMA（レ

ム・コールハース）も、実験的な建築を手がけました。前者によるマカオのホテル・モーフィアス（図4）は、内部の柱を不要とする外骨格鉄骨構造による自由な造形を追求し、中央部分がねじれながらえぐれており、大小3つの穴がぽっかりと空いています。またOMAによるシアトル公立図書館（図3）は、各層ごとに必要なヴォリュームを積み上げることで、ジグザグの輪郭をもつヴォリュームを作り、菱形鉄骨フレームによって覆いました。斜めの線が多い外観ですが、坂の街シアトルはそもそも地面が激しく傾斜しており、意外にマッチしています。

図1　ラ・ヴィレット公園のフォリー（設計：ベルナール・チュミ、竣工：1989年）

図2　ビルバオ・グッゲンハイム美術館（設計：F・O・ゲーリー、竣工：1997年）

図3　シアトル公立図書館（設計：レム・コールハース、OMA、竣工：2004年）

図4　ホテル・モーフィアス（設計：ザハ・ハディド、竣工：2018年）（出典：Wikimedia lisenced under CC-BY-SA-3.0）

2・10 極限の探求

◉せんだいメディアテークの革命

　伊東豊雄とその弟子筋は、先鋭的な空間を探求しています。大きな契機となったのは、せんだいメディアテーク（図1）でした。これはル・コルビュジエがモダニズムの原理として提示したドミノ・システムに代わる、情報化時代の建築モデルをめざしたものです。すなわち、7枚のフラット・スラブ（鋼板サンドイッチ構造）を13本の大きさが異なる鉄骨独立シャフトが貫くものですが、「チューブ」と呼ばれる後者は、うねる形状をもち、さらに不規則な配置となっています。その結果、等間隔で同じ柱が並ぶ均質な空間ではなく、流動的な空間が生まれました。これはコンピュータが設計に導入されるようになったからこそ実現可能になった時代の産物で、佐々木睦朗が構造を担当しています。

　伊東事務所出身の妹島和世が手がけた梅林の家（図2）は、薄い鉄板を組み合わせて、構造を成立させました、したがって、柱や梁がありません。注目すべきは、内部は厚さがわずか16mmの鉄板によって、たくさんの小さな部屋に仕切られていることです。実際にこの空間を体験すると、厚紙で住宅の模型を作るような感覚が、そのまま現実になったような不思議さを感じます。また各部屋の壁にはいくつかの開口部を設けていますが、ドアやガラスなどで隔てるものがありません。ゆえに、個別には小さい部屋ですが、同時に全体としてつながっています。また開口部を通して見える向こう側の部屋は、薄い壁によって、あまりにシャープに風景が切りとられているため、どこか非現実的な雰囲気を帯びています。

◉石上純也の森のような建築

　妹島事務所から独立した石上純也は、あらかじめ反らせることによって自重で水平に修正される、2m × 2mの天板の厚みがわずか4mmという鉄製のテーブル（2003年）や、ヴェネツィアビエンナーレ国際建築展2008の日本館において16mm角の柱と梁による鉄骨造の華奢な温室を発表しました。神奈川工科大学のKAIT工房（図3、図4）は、2,000m²のワンルームに305本の柱が並ぶのですが、小さい正方

形から薄い板状まで、ほとんどの柱の断面がばらばらのサイズとプロポーションをもち（1・6の図3参照）、ランダムに配置され、多様な場を生みます。この設計のために、専用のコンピュータのプログラムを開発し、一見無秩序ですが、全体として構造を成立させています。かくしてKAIT工房は、森の中を歩くような新しい空間をもたらしました。また隣接するKAIT広場（2021年）は、全体がすり鉢状に低く垂れ下がった巨大な鉄板の屋根に矩形の開口を不規則に設け、斬新な空間を実現しました。その構造は、建物の周囲にコンクリートの塊を埋めることで成立しています。

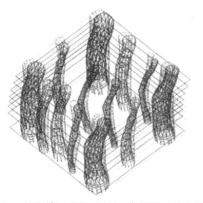

図1　せんだいメディアテーク（設計：伊東豊雄、竣工：2001年）の振動解析シミュレーション図
（出典：佐々木睦朗・佐々木睦朗構造計画研究所「せんだいメディアテークの構造」http://umdb.um.u-tokyo.ac.jp/DPastExh/Publish_db/1997VA/japanese/virtual/05.html）

図2　梅林の家（設計：妹島和世、竣工：2003年）の寝室から吹抜けを見る

図3　KAIT工房（設計：石上純也、竣工：2008年）

図4　KAIT広場

（本章およびCOLUMNの写真は特記なき限り筆者・五十嵐による）

49

近代以前の建築における鉄の使用

　鉄と言えば、近代以降に建築に使われるようになった材料として考えられがちですが、それ以前になかったわけではありません。古代ギリシアでは、円柱を固定するために、鉄の太柱を用いたり、古代ローマでは、石材と石材を鉄材でつなぎ合わせる技術が登場しています。ほかにも鉄の代表的な使い方としては、組積造ならではのアーチやヴォールトの推力に対抗するタイバーが挙げられるでしょう。こうした事例は、ゴシックやルネサンスの建築にも認められます。また二次的な部材としては、中世から、銅、鉛、錬鉄などが、窓の枠、桟、格子、あるいは手摺りやフェンスなどに用いられています。

　産業革命によって鉄の生産が増え、19世紀は技術者の活躍によって、本格的な鉄の建築の幕開けを迎えました。一方で従来のアカデミーで学んだ建築家は、様式の枠組にとらわれ、新しい構造の可能性をうまく切り開けませんでした。こうした状況において、19世紀末に登場したアール・ヌーボーは、鉄という素材に注目し、過去の様式を参照しない「新しい芸術」を掲げました。しかし、植物に触発された曲線的な造形など、装飾的な利用にとどまったという意味で、限界を抱えており、一過的な流行として消費されました。

図1　アール・ヌーボーによるパリのメトロ入口

3

鉄骨造建築の材料

3・1　鋼材の製造・供給プロセス

◉鋼材を製造する4つの工程

　鋼材の製造工程は4つに分かれます（図1）。製銑という工程では、高炉（溶鉱炉）で鉄鉱石を還元します。この工程から取り出した銑鉄には、炭素が3〜4%ほど含まれ、さらにケイ素やリンや硫黄なども含まれます。そのため、転炉という装置でこれら不純物を取り除きます。こうした製鋼工程（精錬）では、溶けた銑鉄に主に酸化カルシウムと酸素を添加していきます。ただしスクラップを原料とする場合、製鋼工程は、電気によって鉄を溶かす方法（電気炉）になります。

　精錬が済んだ鉄は鋼片（粗鋼）と呼ばれ、様々な形状に圧延されます。建築用鋼材の代表である形鋼のほとんどや棒鋼は、圧延が最終工程です。一方、角形鋼管や軽量形鋼等にはさらに所定の加工を施します。加工工程の代表は冷間成形と冷間圧延です。前者の目的は専ら成形ですが、後者は調質も兼ねています。つまり厚みの調整だけでなく、強度向上も目的としています。

◉鋼材供給の流れと担い手

　鋼材の流通には主に2つの系統があります（図2）。最終的な納入先が決まっている注文は「紐付き」と通称されます。こうした契約には、商社（問屋）が介在するものの、鋼材そのものは最終的な納入先に直送されます。一方、最終的な納入先が未定のままの出荷は「店売り」と通称され、こちらでは商流と物流が基本的に一致しています。つまり、特約店（2次問屋）などに納入された後、これら流通業者が鋼材を順次販売していきます。なお鋼板を販売するには、定尺寸法に切断する必要があります。こうした切断作業を担う加工業者が全国に2,600社ほど存在し、これらも鋼材流通の一翼を担っています。

　鋼材の流通全体では直売・紐付きが約75%を占めています。しかし建設業の場合、こうした流通は大手建設会社の発注に限定されます。そのため、建設用途の鋼材流通は紐付きと店売りが同程度の割合を占めており、こうした点からも建設業が裾野の広い産業であることを確認できます。

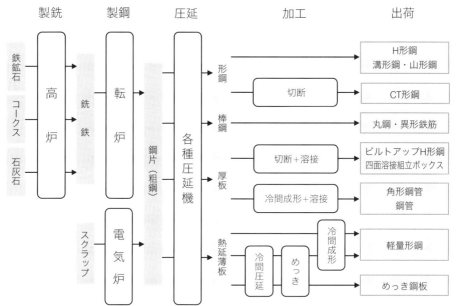

図1　建築に用いる代表的な鋼材の製造プロセス

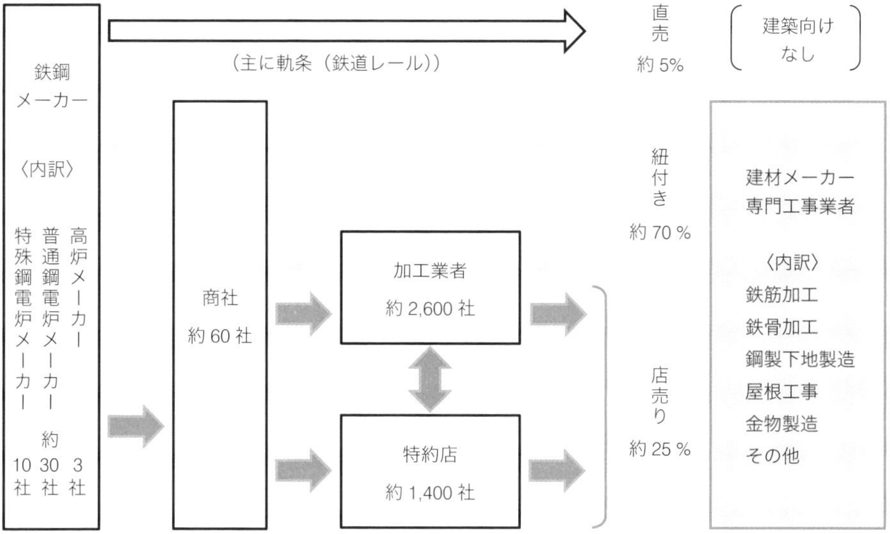

図2　建築に用いる鋼材の供給プロセス （次に基づき作成：『鉄鋼業の現状と課題』）

3・2

鋼材の形状 ①
形鋼

◉形鋼の種類

　実務上、最も強い建築材料は鋼材です。しかし、最も重いことも確かなので、様々に工夫された断面形状が規格として用意されています。H・T・L・コの字のような開放断面の鋼材を形鋼と呼びます（図1）。とりわけH形鋼は汎用性が高く、梁はもちろんのこと様々な部材に用いられます。寸法バリエーションが細幅、中幅、広幅という3つの系列に分かれていることからも、幅広い用途があることを窺えます。さらに外法一定の寸法系列も用意されており、外形を変えずに梁材の断面性能を調整することが可能になっています。

　一方、溝形鋼（チャンネル）や山形鋼（アングル）は、主に胴縁や母屋といった2次部材に使われます。これらを用いてトラスを構成することもありますが、2材を背中合わせにするなどして、非対称断面がもつ力学的弱点を補う工夫が必要です。CT形鋼（カットティー）は、製法から見ればH形鋼の加工品です。しかし一定の需要があるため、主要な形鋼の1つとして扱われています。

◉鋼管の種類

　閉鎖断面の鋼材を鋼管と呼び、その規格形状には円形断面と四角形断面とがあります。後者は角形鋼管と呼ばれ、鉄骨造の柱にはこの材料が主に使われます。製法に着目すると、ロール成形で作った円形断面を四角形にプレス成形した製品（BCR）と、最初からプレス成形で四角形断面にしていった製品（BCP）とがあります（図2）。前者は円形鋼管と加工設備が共通であり、後者よりも安価ですが最大寸法が制約されます。

　円形鋼管には4つの製法があり、求められる直径や美観によって使い分けられます。電縫鋼管は、小径から中径まで作れるので製造量が最も多く、構造部材だけでなく各種配管等にも使われています。一方、UOE鋼管やプレスベンド鋼管は、大径の円柱に使われます。スパイラル鋼管は、螺旋状の溶接箇所が目立つこともあり、建築分野ではもっぱら鋼管杭として使われています。

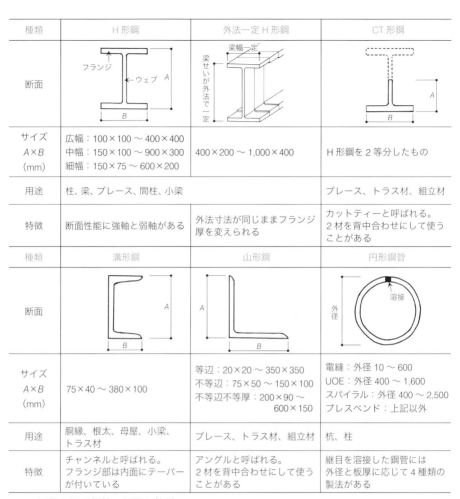

種類	H形鋼	外法一定H形鋼	CT形鋼
断面	フランジ ウェブ A／B	梁幅一定 梁せいが外法で一定	A／B
サイズ A×B (mm)	広幅：100×100 ～ 400×400 中幅：150×100 ～ 900×300 細幅：150×75 ～ 600×200	400×200 ～ 1,000×400	H形鋼を2等分したもの
用途	柱、梁、ブレース、間柱、小梁		ブレース、トラス材、組立材
特徴	断面性能に強軸と弱軸がある	外法寸法が同じままフランジ厚を変えられる	カットティーと呼ばれる。2材を背中合わせにして使うことがある
種類	溝形鋼	山形鋼	円形鋼管
断面	A／B	A／B	外径 溶接
サイズ A×B (mm)	75×40 ～ 380×100	等辺：20×20 ～ 350×350 不等辺：75×50 ～ 150×100 不等辺不等厚：200×90 ～ 600×150	電縫：外径 10 ～ 600 UOE：外径 400 ～ 1,600 スパイラル：外径 400 ～ 2,500 プレスベンド：上記以外
用途	胴縁、根太、母屋、小梁、トラス材	ブレース、トラス材、組立材	杭、柱
特徴	チャンネルと呼ばれる。フランジ部は内面にテーパーが付いている	アングルと呼ばれる。2材を背中合わせにして使うことがある	継目を溶接した鋼管には外径と板厚に応じて4種類の製法がある

図1　形鋼と円形鋼管の種類と特徴

種類	断面	サイズA×B（mm）	用途	特徴
角形鋼管（BCR）（BCP）	溶接 A／B	BCR：150×150～550×550 BCP：350×350～1,000×1,000	柱	BCR、BCPともSN材に相当する。両者とも大臣認定材のみ

図2　角形鋼管の種類と特徴

3・3 鋼材の形状 ②
軽量形鋼など

◉**軽量形鋼の種類**

　形鋼の中には、室温の鋼板をロール成形して作られるものがあります。こうした軽量形鋼には、リップ溝形鋼から軽山形鋼までの 6 種類の形状が JIS G 3350 に定められており、概ね 1.6mm から 4.5mm の厚みをもっています（図 1）。この規定には含まれませんが、さらに軽量 H 形鋼や小径の角形鋼管といった薄肉材も存在します。

　軽量形鋼は、圧延で成形した形鋼よりも費用効果の高い材料です。鋼材の断面積が同じであれば、薄肉の方が断面性能が高くなるためです。ただし、局部変形しやすく溶接方法が限定されるという弱点も存在します。主に 2 次部材に使用されますが、1960 年代には軽量形鋼を構造材に使った構法が盛んに開発されました。代表的な大手住宅メーカーはこうした構法開発から出発しているので、軽量形鋼は日本の住宅産業を生み出した材料と言うこともできます。

◉**鋼製下地材の種類**

　軽量形鋼と似た材料に鋼製下地材があります。壁用と天井用の 2 種類があり、その規格が JIS A 6517 に定められています。鋼製下地材は、リップ溝形鋼や溝形鋼と同じような形状をしています。しかし、基本的な厚みは 0.8mm なので軽量形鋼の半分以下に過ぎません。壁下地材の場合、5 種類の壁厚が用意されています（図 2）。施工性を考慮し、それぞれのスタッドが床や天井に設置したランナーに隙間なく嵌まるように部材断面が設計されています。

　通常、壁下地材にせよ天井下地材にせよ、計算によって構造安全性を確認することはありません。しかし、東日本大震災で大空間の天井落下が目立ったことから、特定天井には構造計算が求められるようになりました。しかし、鋼製下地材の原料には輸入鋼板が多用されており、引張り強さ等がはっきりしないことも少なくありません。こうした原料から作った鋼製下地材は、計算によって構造安全性を確認できないため、特定天井には使用できないことになります。

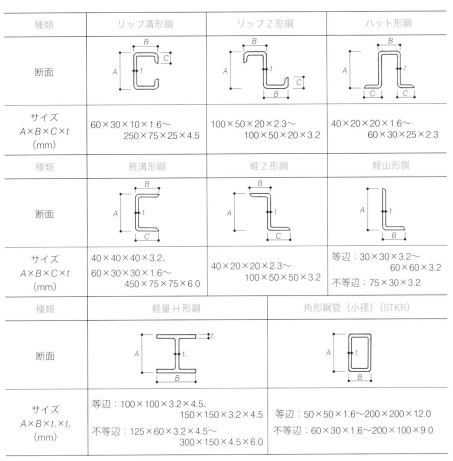

種類	リップ溝形鋼	リップＺ形鋼	ハット形鋼
断面			
サイズ $A×B×C×t$ (mm)	60×30×10×1.6〜 250×75×25×4.5	100×50×20×2.3〜 100×50×20×3.2	40×20×20×1.6〜 60×30×25×2.3

種類	軽溝形鋼	軽Ｚ形鋼	軽山形鋼
断面			
サイズ $A×B×C×t$ (mm)	40×40×40×3.2、 60×30×30×1.6〜 450×75×75×6.0	40×20×20×2.3〜 100×50×50×3.2	等辺：30×30×3.2〜 60×60×3.2 不等辺：75×30×3.2

種類	軽量Ｈ形鋼	角形鋼管（小径）（STKR）
断面		
サイズ $A×B×t_1×t_2$ (mm)	等辺：100×100×3.2×4.5、 150×150×3.2×4.5 不等辺：125×60×3.2×4.5〜 300×150×4.5×6.0	等辺：50×50×1.6〜200×200×12.0 不等辺：60×30×1.6〜200×100×9.0

図1 軽量形鋼などの種類と特徴

壁下地材	スタッド	ランナー	振れ止め
断面			
サイズ $A×B×t$ (mm)	50×45×0.8 65×45×0.8 75×45×0.8 90×45×0.8 100×45×0.8	52×40×0.8 67×40×0.8 77×40×0.8 92×40×0.8 102×40×0.8	19×10×1.2 25×10×1.2

図2 鋼製壁下地材

3・4

構造用鋼材 ①
主要な鋼種

◉ **建築物の構造材に用いる鋼種**

　かつての鉄骨造建築物の架構には、SS材やSM材といった汎用的な鋼種を用いていました。しかし1995年の阪神・淡路大震災を契機として、SN材、STKN材、BCR・BCP材という新たな鋼種が導入され、現在の架構にはこれら建築構造用鋼材が使用されています（表1）。

　建築構造用鋼材の特徴は、溶接性と耐震性が考慮されていることです。炭素だけでなくケイ素やマンガン等を加味した炭素当量という化学成分指標を設けたり、シャルピー衝撃試験に基づく指標を設けたりして溶接性を確保しています。同時に、降伏点や降伏比（降伏点と引張強さの比）を規定することで、確実な塑性変形を保証しています。鉄骨造の耐震設計は、塑性変形を通して地震エネルギーを吸収していくという考え方に立っています。つまり、建築構造用鋼材を使うことによって、初めて大地震時の構造安全性が確保されることになります。

◉ **建築構造用鋼材の3つの種類**

　阪神・淡路大震災で目立った鉄骨造被害の代表が、柱梁仕口（図1）の溶接部の破断です。こうした被害を防ぐため、建築構造用鋼材ではA、B、C種の3つを使い分けます（図2）。基本となるのは柱や大梁に用いるB種です。ただし、通しダイアフラムのように板厚方向に力が作用する部分には、この方向の絞り値が規定されているC種を用います。一方A種は、実質的にはSM材に近い材料です。そのためこの鋼種は、溶接が軽微で荷重を弾性範囲で支える部材に使われます。具体的には小梁や間柱などに使われます。

　建築構造用鋼材の規格がJIS G 3136等に定められている現在、JIS G 3101といった一般構造用鋼材の規格には建築構造材という用途が示されていません。しかし、建築基準法が定める構造材料にはSS材等も含まれています。つまり、一般構造用鋼材の特性を踏まえた使い方であれば、建築物の構造材に用いることも可能ですが、その際にはしっかりした検討が必要です。

表1　建築に用いる鋼材に関する主な規定

用途	品種	鋼種	溶接性の確保			耐震性の確保		板厚方向特性
			炭素量	炭素当量	シャルピー値	降伏点の範囲	降伏比	
一般構造用	形鋼平鋼鋼板	SS400、490	×					
		SM400A、490A		×	×	×注	×	×
		SM400B、490B	○					
		SM400C、490C						
	鋼管	STK400、490						
	角形鋼管	STKR400、490						
建築構造用	形鋼平鋼鋼板	SN400A、490A			×	×注	×	×
		SN400B、490B			○	○	○	
		SN400C、490C			○	○	○	○
	鋼管	STKN400W	○		○	×注	×	×
		STKN400B、490B		○				
	角形鋼管	BCR295			○	○	○	×
		BCP235B、325B						
		BCP235C、325C						○

注）降伏点の下限値のみ規定

現在の鉄骨造では、接合部の大半にボルト接合が用いられる。しかし柱梁仕口では、柱とダイアフラムなどの溶接が必須である。

図1　柱梁仕口（外ダイアフラム）の溶接状況

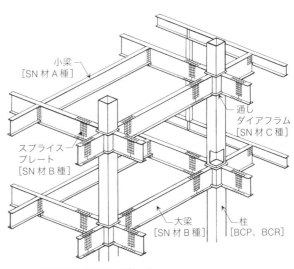

小梁
[SN材A種]

通しダイアフラム
[SN材C種]

スプライスプレート
[SN材B種]

大梁
[SN材B種]

柱
[BCP、BCR]

図2　建築構造用鋼材の使い分け

3・5

高性能な鋼種

◉高性能化の2つの方向

　通常の建築構造用鋼材の降伏点は 200 〜 300N/mm² 程度、引張り強さは 400 〜 500 N/mm² 程度です。しかし大臣認定材である SA440 になれば、降伏点が 400 N/mm² を超え、引張り強さも 600 N/mm² 近くに達します（図1）。さらに橋梁分野に目を向ければ、引張り強さが 600 〜 800 N/mm² 程度の鋼種も存在します。もっともこちらの鋼材は降伏比が大きいため、大きな塑性変形を前提とした通常の耐震設計をそのまま適用することはできません。

　LY100 や LY220 という鋼種は、建築構造用鋼材よりも小さな値で降伏します。その代わりすぐ破断することはなく、ひずみ度 40% 程度までしっかりと塑性変形します。こうした特質を活かし、これら低降伏点鋼は制振構造のダンパー材料として使われています。

◉高性能鋼を支える理論と技術

　高性能鋼を支える技術は主に2つあります。まず圧延工程の温度管理です。鋼材は炭素鋼の結晶の粒が集まったものです。急冷して粒を小さくするほど強度が高まるため、800 N/mm² 級の高強度鋼は毎秒 100℃ で冷却されています（図2）。もう1つは精練技術です。結晶の細粒化のためには微量元素が必要で、こうした精緻な合金設計は不純物を取り除く技術が不可欠です。ちなみに LY100 が含む炭素量は 0.01% に留まります。建築構造用鋼材は 0.2% 程ですから、いわば純鉄を作り出すような高度な精錬技術によって低降伏点鋼が成立しています。

　炭素鋼とは鉄と炭素の合金です（図3）。高温の鉄の結晶（オーステナイト）には多くの炭素原子が入り込めますが、常温になると微量の炭素を含んだ鉄の結晶（フェライト）と炭化鉄の混合物に変化します。ただしマルテンサイトという結晶に変化した場合、フェライトよりも多く炭素を挟み込むため、その効果で結晶が硬化することになります。つまり圧延工程の急冷には、鋼材組織の細粒化だけでなく、結晶の強度そのものを高める効果もあります。

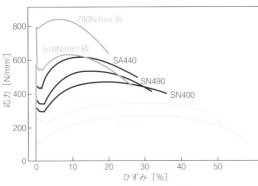

鋼種	降伏点[注1]	引張り強さ[注1]
780 N/mm² 級	685 N/mm²	780 N/mm²
570 N/mm² 級	500 N/mm²	570 N/mm²
SA440	440 N/mm²	590 N/mm²
SN490 [注2]	325 N/mm²	490 N/mm²
SN400 [注2]	235 N/mm²	400 N/mm²
LY225	205 N/mm²	300 N/mm²
LY100	80 N/mm²	200 N/mm²

注1）下限値　注2）板厚 40mm 以下

図1　高性能鋼の応力度・ひずみ度曲線

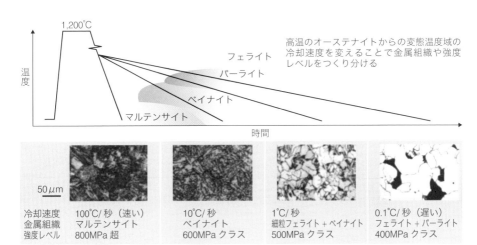

高温のオーステナイトからの変態温度域の冷却速度を変えることで金属組織や強度レベルをつくり分ける

冷却速度	100℃/秒（速い）	10℃/秒	1℃/秒	0.1℃/秒（遅い）
金属組織	マルテンサイト	ベイナイト	細粒フェライト + ベイナイト	フェライト + パーライト
強度レベル	800MPa 超	600MPa クラス	500MPa クラス	400MPa クラス

図2　冷却速度の違いがもたらす鋼の組織の変化（出典：『鉄の薄板・厚板が分かる本』）

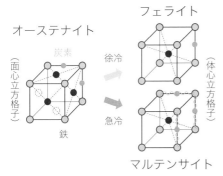

図3　鋼の結晶の変化

表1　鋼の組織の種類

種類	特徴
オーステナイト	910 〜 1,390℃ の状態。結晶は面心立方格子
フェライト	常温の状態。結晶は体心立方格子で純鉄に近い
パーライト	フェライトとセメンタイト（炭化鉄）が層状に混在
ベイナイト	微細なフェライトと微細なセメンタイトが混在
マルテンサイト	体心立方格子の結晶に炭素が分散した状態

3・6 耐火性をもつ鋼材

◉普通鋼と耐火鋼の違い

　一般的な鋼材は不燃材ですが、耐火性能をもっているわけではありません。融点こそ1,500℃近くになりますが、強度は500℃程で半分に低下し1,000℃に達するとほぼ失われてしまいます（図1）。もちろんどの材料でも、高温になれば強度は低下します。しかし鋼製部材は、H形鋼や角形鋼管のように効率的な断面形状になっているため熱容量が小さく、防火被覆を施していない普通鋼はすぐ高温に達してしまいます。

　ただし耐火鋼という鋼材も存在します。これは合金設計の工夫によって高温時の耐力低下を抑制した材料です。600℃に達しても降伏点が常温時の3分の2を保っているため、耐火鋼を用いた高度な耐火設計を行えば、無被覆の大規模鉄骨造を作ることが可能です。

◉今日の耐火設計

　現在の耐火設計には3つの方法があります（図2）。ほとんどの耐火建築物は、平成12年建設省告示第1399号の例示仕様やメーカー各社が取得した大臣認定仕様に基づいて主要構造部の耐火性能を確保しています。しかし、こうしたルートA以外にも、ルートBという方法があります。この方法では耐火性能検証法に基づき、火災継続時間に対する保有耐火時間の長さを評価します。耐火性能検証法とは平成12年建設省告示第1433号が定めている方法ですが、これ以外を用いた高度な評価も可能であり、こちらの方法はルートCと呼ばれます。

　ルートBやCを用いた耐火設計は必ずしも一般的ではありません。しかし、こうした設計技術が鉄骨造の今日的表現を支えていることがあります。例えば、透明感に満ちた葛西臨海公園レストハウスの空間は、サッシを兼ねた細い構造材によって成立しています（図3）。これらが耐火鋼であることは広く知られていますが、耐火性能検証法と同様の方法によって耐火性能が検証されたからこそ耐火被覆が不要になり、図3のような部材構成が可能になりました。

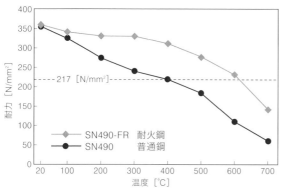

耐火鋼とは Nb と Mo の添加によって高温耐力を向上させたもの。600℃に達しても降伏点の値が常温の 3 分の 2 を保っている。

図1　耐火鋼と普通鋼の高温耐力の比較

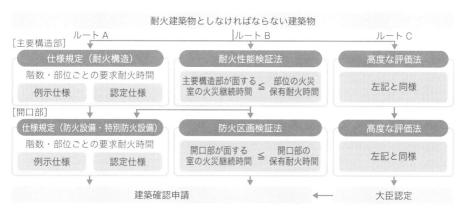

図2　耐火設計の 3 つのルート

図3　耐火鋼を用いてサッシと骨組みを兼用：葛西臨海公園展望広場レストハウス（設計：谷口吉生、竣工 1995 年）（撮影：五十嵐太郎）

3・7

耐候性鋼

◉**鋼の発錆メカニズム**

　鋼材の錆には、赤錆と黒錆があります。常温でも水と酸素があると、溶出した鉄イオンから水酸化第一鉄（$Fe(OH)_2$）が生まれます。これが酸化して水酸化第二鉄（$Fe(OH)_3$）になり、さらにオキシ水酸化鉄（$FeOOH$）へと結晶化します。湿潤が繰り返されると、この一部が脱水化して酸化第二鉄（Fe_2O_3）になります。赤錆の主成分はこれら3つです。一方、高温では酸化第一鉄（FeO）が生じた後、四酸化三鉄（Fe_3O_4）に変化します。後者が黒錆と呼ばれますが、不安定な物質なので、空気に触れると酸化して酸化第二鉄に変化します。

　大気中の鋼材は、表面が赤錆や黒錆で覆われても錆の進行は止まりません。これらには微細なひび割れがあり、水と酸素が鋼材に達してしまうからです。黒錆を融解して固めると緻密な組織になりますが、湿潤が繰り返される環境では表面に生じた赤錆が鋼材にまで達してしまいます。

◉**腐食を防ぐ被膜を形成する鋼材**

　鋼材の錆の進行は、水と酸素を遮断すれば防げます。そのためには化学的に安定した緻密な皮膜が必要ですが、こうした皮膜を自ら形成する鋼材が存在します。その1つが耐候性鋼という合金で、コルテン鋼という商品名が事実上の通称になっています。この鋼材には銅、クロム、リンおよびニッケルが少し添加されています（表1）。これら微量元素の溶出によって腐食を防ぐ保護性錆が形成され、50年間で0.3mmほどしか錆が進まないようになります（図1）。

　もともと耐候性鋼は高強度鋼材として開発されました。しかし建築分野では、独特な仕上材として注目されました。実は耐候性鋼の錆層は塩分が飛来すると安定しません。ところが日本の大都市のほとんどは海岸近くにあるため、耐候性鋼を外装に使っても塗装が必須になってしまいました。しかし使用条件に関する知見などが蓄えられた結果、最近の日本では図2のような塗装仕様だけでなく、図3のような無塗装仕様が再び外装に使われています。

表1　皮膜を形成する鋼材の化学成分

種類	鋼材の基本成分					添加成分		
	C	Si	Mn	P	S	Ni	Cr	その他
耐候性鋼（COR-TEN）	≦ 0.12	0.25 ～ 0.75	0.20 ～ 0.50	0.07 ～ 0.15	≦ 0.035	≦ 0.65	0.30 ～ 1.25	Cu：0.25 ～ 0.55
SUS304	≦ 0.08	≦ 1.00	≦ 2.00	≦ 0.045	≦ 0.030	8.00 ～ 10.50	18.00 ～ 20.00	－
SUS316						10.00 ～ 18.00	16.00 ～ 18.00	Mo：2.00 ～ 3.00
SUS445	≦ 0.025	≦ 1.00	≦ 1.00	≦ 0.040	≦ 0.030	－	21.00 ～ 24.00	Mo：0.70 ～ 1.50 N：≦ 0.025、他
［参考］SN400B	≦ 0.20	≦ 0.35	≦ 0.60	≦ 0.030	≦ 0.015			－

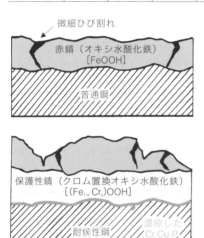

図1　耐候性鋼と普通鋼の錆の違い

微細ひび割れ

赤錆（オキシ水酸化鉄）[FeOOH]

普通鋼

保護性錆（クロム置換オキシ水酸化鉄）[(Fe$_{1-x}$Cr$_x$)OOH]

耐候性鋼

濃縮したCr Cu P.

図2　神保町シアター（設計：日建設計、竣工2007年）（撮影：佐藤考一）

図3　古代出雲歴史博物館（設計：槇文彦、竣工2005年）（撮影：佐藤考一）

3·8

皮膜を形成する鋼材 ②
ステンレス鋼

◉ステンレス鋼の不動態皮膜

　ステンレス鋼は保護性皮膜を形成する鋼材の代表です。水と酸素に触れると水和オキシ水酸化クロム（$Cr\text{-}O\text{-}OH\text{-}H_2O$）の緻密な皮膜が瞬時に生成されます。その厚さは $1 \sim 3nm$ ほどですが、自己修復性をもっているため錆が生じることはありません。このように腐食を防止する皮膜ができた金属の状態は、不動態と呼ばれます。ただし塩化物イオンなどが存在すると、不動態皮膜の中の酸素が置換されて耐食性が劣化します。

　ステンレス鋼の不動態皮膜は、クロムが概ね 12％以上添加されると形成されます。もっとも緻密な合金設計が可能になった現在では、ステンレス鋼は「炭素が 1.2％以下で、クロムを 10.5％以上含む合金鋼」と定義されています。こうしたクロムの添加効果は 1820 年代のファラデーらの合金研究で確認され、今日的なステンレス鋼が 1910 年代に開発されました。

◉ステンレス鋼の種類

　ステンレス鋼の JIS 記号は、化学成分の違いを 3 桁の数字で表します。300 番台はニッケルを含む鋼種です。SUS304 が内外装材として幅広く使用されていますが（図1）、海岸地域の外装には SUS316 が使われます。これはモリブデンを添加して不動態皮膜の自己修復性を高めた鋼種です（3·7 の表 1）。ニッケルは高額で価格変動も大きい希少金属です。そのため日本では、この元素を含まないステンレス鋼の開発も盛んです。こうした鋼種は 400 番台で表されます。幕張メッセの屋根に SUS445 が使われたことが契機となり、ニッケルレスのステンレス鋼が大規模ドームなどに使われるようになりました（図2）。

　不動態皮膜を形成するステンレス鋼は、素地のまま使うのが一般的です。2D 仕上げが外装材の典型ですが、細かな凹凸を付けるダル仕上げも多用されています（表1）。一方、内装材には研磨を施すことが多く、長い磨き目を付けた HL 仕上げから鏡のような光沢をもつ鏡面仕上げまで様々な方法があります。

図1　SUS304 の使用例：東京カテドラル聖マリア大聖堂
（設計：丹下健三、竣工 1964 年）（撮影：五十嵐太郎）

図2　SUS445 の使用例：札幌ドーム（設計：原広司、竣工 1998 年）（撮影：五十嵐太郎）

表1　ステンレス鋼板の代表的な仕上げ

方法	名称	表面の状態	摘要
圧延	No.2D	鈍い灰色	冷間圧延後に焼鈍し・酸洗いをしたもの
	No.2B	やや光沢あり	2D 材にスキンパス圧延をしたもの
	BA	一般的な光沢	冷間圧延後に無酸化焼鈍ししたもの
	ダル	細かな凹凸	2D 材や BA 材を凹凸付きロールで圧延したもの
	エンボス	凹凸の模様	
ベルト研磨	HL	長く連続した磨き目	P150 〜 240 番のベルトで長い磨き目が付くように研磨
	No.4	光沢のある細かい磨き目	P150 〜 180 番のベルトで研磨
	#240	細かい磨き目	2D 材や 2B 材を P240 番程度のベルトで研磨
	#320		2D 材や 2B 材を P320 番程度のベルトで研磨
バフ研磨	#400	鏡面に近い光沢	2B 材をサイザルバフで研磨
	No.7	準鏡面	#400 仕上げを綿バフで研磨（#600 仕上げ）
	No.8	鏡面	#600 仕上げを綿バフで研磨（#800 仕上げ）

3・9

めっき

◉金属被覆を施す表面処理

通常の鋼材は、何らかの被覆で腐食を防ぐことが必要です。金属被覆の最も一般的な方法はめっきで、溶融金属に浸す方法と電気分解を利用する方法があります（表1）。めっきには PVD（物理蒸着）という方法もあります。これは減圧気体中で薄膜を形成する技術です。金型の硬化処理などには欠かせませんが、鋼材の防食に用いることはありません。もっとも非金属も被覆できるので、この技術で熱線反射ガラスを製造しています。一方、溶射は厚膜を形成する技術です。キュービクル式受変電設備を海岸近くに設置する場合には、外箱の塩害対策として亜鉛溶射鋼板を用いたりします。

◉様々なめっき鋼板

鋼板のめっき金属の代表は亜鉛です。鉄よりイオン化傾向が大きいため、先に腐食して鋼板を守るという犠牲防食作用があります。溶融亜鉛めっきには亜鉛と鉄の合金層が形成されます（図1）。純亜鉛層より耐食性に優れますが、この層が脆いのでめっき後の曲げ加工に適していません。一方、電気亜鉛めっきは、薄膜で合金層も形成されないためクロメート処理が必須です。つまり、亜鉛より腐食しやすいクロム酸クロム（$xCr_2O_3 \cdot yCrO_3 \cdot H_2O$）を被覆して、めっき層の傷を自己補修したり白錆と呼ばれる塩基性炭酸亜鉛（$Zn_4CO_3 \cdot Zn(OH)_6 \cdot H_2O$）の発生を防ぎます（図2）。クロメート皮膜は塗装性も優れていますが、六価クロム規制が強化されたため代替技術の開発が進められています。

現在の金属屋根材の主力は、めっきに亜鉛・アルミニウム合金を用いたガルバリウム鋼板です（表2）。この鋼板の耐食性は亜鉛めっき鋼板よりも優れていますが、さらに耐食性を高めた ZAM なども存在します。アルミニウムのみをめっきしたアルスター鋼板は高温でも使用可能で、レンジフード等に用いられます。缶詰などに使われるブリキ（錫めっき鋼板）も身近な鋼板ですが、犠牲防食作用がないため、積極的に建材として使うことはありません。

表1　金属被覆を施す表面処理の代表

種類		処理方法	処理温度	代表的膜厚¹	摘要
めっき	溶融	溶融金属の中に浸す	440 〜 470℃	28 〜 76 μm	通称・ドブづけ。複雑形状や長大部材の被覆も可能
	電気	水溶液中の金属イオンを析出させる	室温	2 〜 25 μm	室温で処理が可能
	PVD（物理蒸着）	ガス状にした金属を堆積させる	室温〜 200℃	1 〜 5 μm	セラミックスやプラスチックの被覆も可能
溶射		溶融金属を吹付ける	室温	50 〜 300 μm	厚膜の形成が可能
クロメート処理		クロム酸の水溶液中に浸す	室温	0.1 〜 0.4 μm	塗装下地として多用

注）めっきと溶射の膜厚は亜鉛の場合を示す

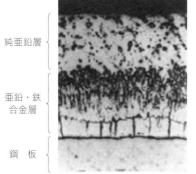

純亜鉛層
亜鉛・鉄合金層
鋼板

図1　溶融亜鉛めっきの断面（出典：『亜鉛鍍金協会ウェブサイト』）

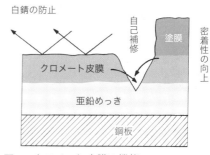

白錆の防止
自己補修
密着性の向上
塗膜
クロメート皮膜
亜鉛めっき
鋼板

図2　クロメート皮膜の機能

表2　代表的なめっき鋼板の比較

通称・商品名（JIS）	めっき成分（元素記号）	摘要
トタン（JIS G 3302）	亜鉛（Zn）	1911 年に国産化。犠牲防食作用がある
ブリキ（JIS G 3303）	錫（Sn）	1923 年に国産化。犠牲防食作用はない
アルスター鋼板（JIS G 3314）	アルミニウム（Al）	1970 年に国産化。亜鉛めっきよりも高温で使用できる
ガルバリウム鋼板（JIS G 3321）	55% アルミニウム亜鉛合金（55%Al-Zn）	1982 年に国産化。亜鉛めっきよりも耐食性が高い
ZAM、エスジーエル（JIS G 3323）	亜鉛アルミニウムマグネシウム合金（Zn-Al-Mg）	1999 年に日本で開発。ガルバリウム鋼板よりも耐食性が高い

3・10 表面処理鋼板 ②
非金属の被覆

◉**無機被覆を施した鋼板**

　鋼板の防食には、金属以外の無機被覆を施す方法もあります。建材に着目した場合、こうした皮膜をもつ鋼板はほうろう鋼板の独壇場です。セラミックコーティングと呼ばれる技術も存在しますが、こちらは耐熱性が求められる機械部品などに使われます（表1）。

　ほうろう鋼板は、釉薬を焼き付けてガラス皮膜を形成した鋼板です。化学的に安定しているガラスは退色や劣化の心配がありません。そのため、ほうろう鋼板は外壁材に使われたり（図1）、身近なところではホワイトボードに使われたりします。他の産業に目を向ければ、化学プラントの反応器がほうろう鋼板の典型的な用途になります。もっとも、このように高い耐酸性を付与する場合は、ほうろうではなくグラスライニングと呼ばれています。

◉**有機被覆を施した鋼板**

　有機被覆を施す最も代表的な方法は塗装です（表1）。工場塗装された鋼板はカラー鋼板と呼ばれ、模様が印刷された場合はプリント鋼板と呼ばれます。さらに樹脂フィルムを接着剤で貼り付ける方法もあります。こうした鋼板はラミネート鋼板と呼ばれ、塩ビ鋼板と通称される塩化ビニル鋼板がその代表です。複雑な形状には液体樹脂などで被覆します。マンションの排水管には、この方法で被覆した樹脂ライニング鋼管が多用されています。

　塩ビ鋼板はカラー鋼板よりも厚い皮膜をもっており、その外装材は後者よりも高耐久性仕様に位置づけられています。ところが端部の防食性は、どちらも亜鉛めっき鋼板より低下します。亜鉛めっき鋼板の端部は犠牲防食作用によって保護されていますが、めっき面が被覆されてしまうとこの作用が小さくなってしまうためです（図2）。また、塩化ビニル皮膜の厚さは防火性能とトレードオフの関係にあります。皮膜が厚くなるほど表面の耐久性は向上しますが、塩ビ鋼板の防火性能は低下してしまいます（表2）。

表1　無機被覆や有機被覆を施す表面処理の代表

	種類	処理方法	摘要
無機	ほうろう （JIS R 4301）	釉薬（主成分は二酸化ケイ素）を800～900℃で焼付ける	ほうろう鋼板の膜厚は0.1～0.3mm
	セラミックコーティング	酸化アルミニウム等を溶射したり窒化チタン等を蒸着する	耐熱性が求められる機械部品や耐摩耗性が求められる工具等
有機	塗装 （JIS G 3312）	液体や粉体の塗料によって樹脂膜を形成する	膜厚は0.015～0.05mm
	ラミネート （JIS K 6744）	樹脂フィルムを接着剤によって圧着する	代表は塩化ビニル鋼板（通称・塩ビ鋼板）。膜厚は0.05～0.5mm
	樹脂ライニング （JIS K 6766）	液体樹脂の吹付けや粉体樹脂の焼付けによって厚膜を形成する	複雑な形状に厚膜を施せる。膜厚は0.5～数mm

図1　大阪城公園大手前レストハウス（設計：遠藤秀平、竣工2007年）（撮影：知念靖廣）

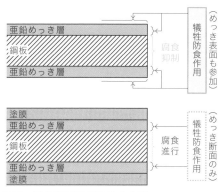

図2　鋼板端部の犠牲防食作用

表2　塩ビ鋼板の防火性能

防火性能	代表的な膜厚
不燃材料	0.1mm以下
準不燃材料	0.1～0.25mm
難燃材料	0.25～0.4mm
不燃材料（屋根）	0.25mm以下

次に基づき作成：『塩ビと建設材料』

3·11 非鉄金属 ①
アルミニウム

◉ **建材に用いる主なアルミニウム合金**

　アルミニウム合金は展伸用と鋳造用に大別されます（表1）。展伸用合金は圧延や押出成形に用いる合金で、4桁の数字の国際記号が定められています。千の位が基本的な添加元素を示しており、主にマンガンを含む合金は3000系、マグネシウムを含む合金は5000系と呼ばれます。6000系はマグネシウムとシリコンを添加した合金で、強度がSS400鋼材に匹敵する6061やアルミサッシの押出成形に用いる6063が代表的な種類です。

　一方、鋳造用合金には国際記号が存在せず、JIS H 5202が定める記号によって種類を区別します。アルミニウム鋳造建材の代表はカーテンウォールのパネルです。こうしたアルミ鋳造品はアルキャストと通称されますが、シリコンの添加によって鋳造性を高めたAC3Aなどが典型的な原料です。

◉ **アルミニウム合金と調質**

　加熱・冷却処理や冷間加工によって金属の強度は変化します。アルミニウム合金は、こうした調質の効果が特に大きいため、合金記号に質別記号を併記します。調質は非鉄処理型合金と熱処理型合金とで異なります（図1）。前者に該当する3000系や5000系は、冷間圧延などの機械的加工によって強度を高めており、成形性を高めるための焼きなまし（軟化熱処理）を行う場合もあります。一方、後者に該当する6000系や7000系は、強度を高めるために、時効処理と呼ばれる熱処理によって添加元素を析出させます。例えば6061の場合、160℃の状態を24時間保つことによって所定の強度を得ています。

　基本的に熱処理型合金の方が高強度ですが、時効処理後に加熱すると軟化してしまうので溶接に不向きです。しかし溶接構造用の7000系は、溶接後に強度が回復する性質をもっています。20世紀まで、アルミニウム構造には大臣認定などが必要でした。しかし2002年にアルミニウム合金の基準強度が告示され、現在は図2のようなアルミニウム構造を通常の手続きで設計することが可能です。

表1　建築に用いるアルミニウム合金の例

合金系統		合金-質別の例	基準強度	摘要（典型的な建材）
展伸用	3000系 （Al-Mn系）	3005-H24	130N/mm²	成形性に優れ耐食性も良好。圧延板材のみ（屋根材、サイディング材）
	5000系 （Al-Mg系）	5052-H34	175N/mm²	中程度の強度をもつアルミニウム合金の代表（各種建材）
	6000系 （Al-Mg-Si系）	6061-T6	210N/mm²	溶接継手の強度が低下するため、基本的にボルトやねじ等を用いて接合する
		6063-T5	110N/mm²	押出用アルミニウム合金の代表。押出製造に最も適している（サッシ）
	7000系 （Al-Zn-Mg系）	7003-T5	210N/mm²	溶接構造用のアルミ合金。押出製造されるが中空形状の大型形材は難しい
鋳造用	Al-Si系	AC3A-F	－	薄肉の大判パネルを鋳造できる。ただし基準強度は告示されていない（カーテンウォール）
	Al-Si-Mg系	AC4CH-T6	120N/mm²	Al-Si系の強度を改良したもの
	Al-Mg系	AC7A-F	70N/mm²	特に耐食性に優れ陽極酸化処理も容易（金具）

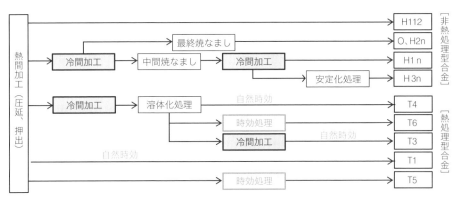

図1　アルミニウム合金（展伸材）の代表的な調質工程

図2　アルミ構造の事例：もてなしドーム（設計：水野一郎ほか、竣工2005年）（撮影：佐藤考一）

3·12 非鉄金属②
銅、チタン

◉建材としての銅

銅はアルミニウムと並ぶ非鉄金属の代表です（表1）。その合金の色は添加元素の量や種類によって大きく変化します。例えば、銅に亜鉛を加えると黄銅（真鍮）になります。添加量10%程度までは赤味が強いので丹銅と呼びますが、ここにニッケルを加えると洋白と呼ばれる銀色の合金に変化します。

銅合金を用いた建材の代表は建具金物と屋根材です。前者には主に丹銅、後者には実用上の純銅（C1220）が使われます。特別な例としては、カーテンウォールにブロンズを用いたシーグラムビルが存在します（図1）。欧米では錫を加えた銅合金をブロンズと総称します。しかし、シーグラムビルの合金は亜鉛を含むので、和名を使うなら、青銅ではなく真鍮と呼ぶ方が適切です。

◉非金属板を葺いた屋根

銅板葺屋根は、明治時代の西洋建築とともに高級屋根として広まりました。大気中の銅の表面には、まず酸化第一銅（Cu_2O）が生成されます。次いで二酸化炭素や二酸化硫黄と反応して塩基性炭酸銅（$CuCO_3 \cdot Cu(OH)_2$）や塩基性硫酸銅（$CuSO_4 \cdot 3Cu(OH)_2$）が生成され、緑青と呼ぶ緑色の皮膜が形成されます。酸化第一銅にせよ緑青にせよ保護性錆として働きます。しかし銅板は、鋼板よりも重い金属です。軟らかいので、折板にするといった形状の工夫もできません。つまり高い耐候性をもっていますが、コストダウンが難しい材料です。

さらに1980年代半ばからは、チタンが新たな高級外装材として本格化していきました（表2）。チタンは、大気中で二酸化チタン（TiO_2）の不動態皮膜を形成し、重さも銅の半分ほどです。このように優れた性質をもちますが、ステンレスを上回る難加工材で価格も10倍ほどになります。つまり、チタン外装を採用できる建築プロジェクトは限られます。しかしその場合には、チタンという素材選択そのものが、ビルバオのグッゲンハイム美術館のように新たな建築表現と結びつく可能性を秘めています。

表1　建築に用いる非鉄金属合金の例

種類（合金の例）	密度	引張り強さ	線膨張係数	摘要（典型的な建材）
銅 （C1220）	8.94 t/m³	195N/mm²	$17.7 \times 10^{-6}/℃$	リンを用いて酸素を除去。銅が99.90%を占める（屋根材）
丹銅 （C2200）	8.80 t/m³	225 N/mm²	$18.4 \times 10^{-6}/℃$	黄銅の一種。亜鉛を10%程含み赤味のある黄金色（建具金物）
チタン （1種）	4.51 t/m³	270 N/mm²	$8.4 \times 10^{-6}/℃$	汎用的なチタン材料。純チタンと通称される（屋根材）

〈備考〉ステンレス（SUS304）の密度、引張り強さおよび線膨張係数は7.93 t/m³、520 N/mm²、$17 \times 10^{-6}/℃$。アルミニウム（3005-H24）は2.73 t/m³、165 N/mm²、$24 \times 10^{-6}/℃$。

表2　日本のチタン建築の流れ

年	1985	1990	1995	2000	2005	2010
屋根	東京電力電力館	須磨海浜水族館	オーシャンドーム マリンメッセ福岡 三重県立看護大学 RICインターナショナルビル	東京国立博物館平和館 奈良国立博物館第二新館 島根県立美術館 北野天満宮	九州国立博物館	小倉百人一首殿堂 浅草寺宝蔵門 金閣寺茶室 宮地嶽神社
外壁	三栄金属ビル GINZA SEIビル 養命酒製造本社ビル	東京ビッグサイト	戦没者追悼平和記念館	湊町リバープレイス JR函館駅		

シーグラムビル（設計：M·V·D·ローエ、竣工1958年）（撮影：五十嵐太郎）

新高輪プリンスホテル（設計：村野藤吾、竣工1982年）（出典：銅板屋根構法マニュアル）

グッゲンハイム美術館（ビルバオ）（設計：F·O·ゲーリー、竣工1997年）（撮影：五十嵐太郎）

九州国立博物館（設計：菊竹清訓、竣工2004年）（撮影：佐藤考一）

図1　非鉄金属を用いた様々な外装の例

3・13 金属の塗装、発色処理

◉**金属の塗装**

近年の鉄骨造には鋼板構造と呼ばれるような潮流が存在します。こうした構造は、厚さ10mm前後の鋼板が外壁を兼ねているので、その耐久性は現場塗装によって支えられていると言っても過言ではありません。

塗装は下塗りと上塗りに大別されます。耐候性が必要な場合、合成樹脂ペイントを上塗りします（表1）。基本的な耐久性は塗膜形成要素に応じて異なり、ポリウレタン樹脂、アクリルシリコン樹脂、フッ素樹脂の順に性能が高まります。一方、屋内やさほど耐候性を必要としない部分では、油性調合ペイントや合成樹脂調合ペイントを用います。現在はVOC（揮発性有機化合物）の抑制が社会的課題になっています。そのため屋内の金属塗装には、合成樹脂エマルションペイントも使用します。なおエポキシ樹脂ペイントはもっぱら下塗りに用います。この塗料は金属との密着性が高い一方で紫外線に弱いためです。

塗布後の塗料には、溶剤の蒸発だけでなく化学反応が生じます（図1）。油性調合ペイントや合成樹脂調合ペイントは、樹脂分子が空気中の酸素と反応して塗膜を形成しますが、合成樹脂ペイントの多くは主剤と硬化剤という2種類の樹脂分子の反応によって成膜します。一方、合成樹脂エマルションペイントは、水中に浮かぶ樹脂粒子が融着した後に樹脂分子の反応が始まります。

◉**金属の発色処理**

アルミニウム、ステンレスおよびチタンは大気中で透明な不動態皮膜を形成します。これらの金属は発色処理が可能です。例えばアルミニウム建材の場合、必ず防食のために表面処理を行います。具体的には酸化アルミニウム（Al_2O_3）の皮膜を形成させますが、厚みによっては特定の波長が干渉します。この厚みを調節することで、反射光に様々な色彩を発生させることができるのです（図2）。こうした現象が生み出す色彩は、塗装では得られない透明感をもっており、ステンレスやチタンの外装にも活用されています（図3）。

表 1　金属塗装に用いる主な塗料

種類	塗膜形成要素の例	主な溶剤・希釈剤	成膜機構（乾燥時間）
油性調合ペイント	ボイル油	ミネラルスピリット（工業用ガソリン4号）	乾燥＋酸化重合（15〜20時間）
合成樹脂調合ペイント	アルキド樹脂		
合成樹脂ペイント	フッ素樹脂	キシレン、酢酸エチル	乾燥＋硬化剤との反応（5〜15時間）
	アクリルシリコン樹脂	キシレン	
	ポリウレタン樹脂	酢酸エチル、トルエン	
	エポキシ樹脂	酢酸エチル、トルエン、エタノール	
合成樹脂エマルションペイント	アクリル樹脂	水	乾燥＋融着（1〜3時間）

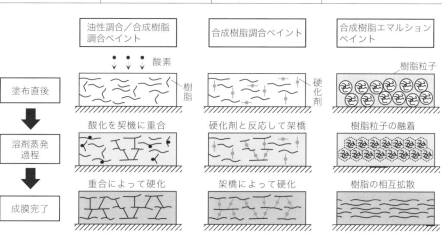

図 1　塗膜形成の模式図

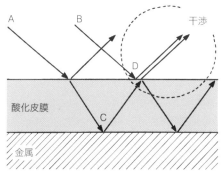

図 2　アルミニウム等の酸化皮膜の発色メカニズム

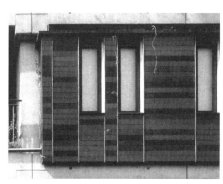

図 3　発色ステンレス外装の例：NEXT21（設計：内田祥哉他、竣工 1993 年）（出典：『新建築 2013年 8 月号』）

3

鉄骨造建築の材料

3・14 窯業系外装材

◉ ALC（軽量気泡コンクリートパネル）とECP（押出成形セメント板）の比較

　鉄骨造建物の多くは、窯業系外装材によって包まれています。道路側のファサードをガラスや金属パネルで構成している場合でも、隣地側の外壁には必ずと言っていいほど窯業系外装材が使われています。その代表がALCとECPです。特に前者は「鉄骨ALC造」という呼び方が存在するほど、鉄骨造の外壁に多用されています。

　ALCは気泡をもつ軽量コンクリートです。鉄筋を吊り込んだ型枠の中で原料を発泡させ、所定の厚みに切断してから高温高圧養生によって硬化させます。一方、ECPは中空部をもつようにセメントを押出成形したものです。このようにALCとECPの製法は全く異なりますが、多くの共通点があります（表1）。両者とも、セメントを主原料としていながらも軽量化されています。ALCの方が軽い材料ですがECPの方が薄いため、1m²当たりの重さ（面密度）はどちらも概ね70kgといったところです。また基本的な定尺幅は両者とも600mmで、実用上の長さもさほど変わりません。さらに標準的仕様が耐火構造（1時間）の耐火性能を備えていることも共通です。

　その一方で、気泡をもつALCは断熱性と遮音性に優れています。例えば熱伝導率は通常のコンクリートの10分の1程度に過ぎません。しかし吸水性が大きいため、素地仕上げはもちろんのこと合成樹脂ペイント塗装ができないという短所があります。つまり、基本的な仕上げ方法はECPの方が豊富で、素地仕上げ用の製品も存在します。また押出成形という製法を活かして、様々なリブ付きパネルが用意されています。ただしECPは中空断面になっているため、シーリング工事の留意点がALCよりも増えることになります。

　このようにALCとECPには一長一短があります。また近年は、両者とも意匠パネルと呼ばれる製品を豊富にラインナップしており、一見しただけではALCやECPであることが判別できないような仕上げも存在します（図1）。

表 1　ALC と ECP の比較

項目		ALC（厚 100mm）	ECP（厚 60mm）	摘要
基本的な物性	面密度	65 kg/m²	70 kg/m²	
	曲げ強度	1.0 N/m²	17.6 N/m²	
	ヤング率	1.75×10³ N/mm²	26.5×10³ N/mm²	
	耐火性	耐火構造（1 時間）		
	熱伝導率	0.17 W/m・K	0.44 W/m・K	
	透過損失	38dB	31dB	
	透湿抵抗	0.0019m²・S・Pa/ng	0.0328m²・S・Pa/ng	
外壁パネル	厚み	厚形 100・120・125・150mm 薄形 35・37・50mm	50・60・75・100mm	典型的な外壁パネル（呼称幅 600mm）
	幅	300 〜 600mm	300 〜 900mm	
	長さ	600 〜 4,100mm	〜 5,000mm	
仕上方法	素地仕上げ	×	（○）	凡例　○適　× 不適 （ ）一部の仕様
	合成樹脂ペイント	×	○	
	複層塗材	○		注）ECP は乾式タイル張りも可能
	タイル張り	○注		
	意匠パネル	○		

次に基づき作成：『ヘーベルテクニカルハンドブック』『ハンドブックアスロック Neo』

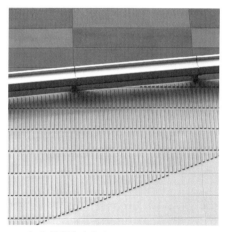

マークイズ福岡ももち（設計：三菱地所設計、竣工 2018 年）（撮影：井上朝雄）

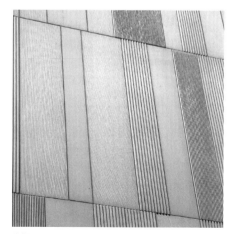

京都リサーチパーク 9 号館（設計：日建設計、竣工 2010 年）（撮影：知念靖廣）

図 1　意匠パネルの使用事例（左：ALC、右：ECP）

3・15 耐火被覆

◉**鉄骨造と耐火被覆**

　鋼材は不燃材ですが、そのままでは耐火構造になりません。つまり、特殊建築物や大規模建築物を鉄骨造にする場合、耐火被覆によって所定の耐火性能を確保することが基本になります。耐火被覆の代表は吹付けロックウールで、1時間の耐火構造なら25mm、2時間なら45mmの厚さが必要です（表1）。

　吹付けたロックウールは柔らかな状態です（図1）。天井裏に隠蔽される梁などはそのままでも差し支えありませんが、人や家具類が接触する柱は石膏ボードなどで覆うことになります。しかしこうした措置を行うと、耐力上要求される寸法よりも200mmほど大きくなってしまうため、柱の耐火被覆にはケイカル板（けい酸カルシウム板の通称）などの面材を用いるのが定石です。もっとも面材系の耐火被覆を用いた場合でも、100mmほどは太くなってしまいます。

◉**無被覆鉄骨造の取り組み**

　現代建築には構造表現主義と呼ばれるような流儀があります。こうした流儀では、鋼材が可能にする細い部材を積極的に現したりします。実際、小規模な鉄骨造では、塗装のみの細柱が意匠上の特徴になっていることが少なくありません。ところが、建築基準法が性能規定化される2000年までは、こうした鉄骨造ならではの表現が耐火建築物では困難でした。

　しかし現在は、分厚い耐火被覆を回避する技術が2つ普及しています。その1つが耐火塗料です。塗膜の厚さは数mmに過ぎませんが、200〜300℃に達すると炭化しながら発砲して耐火被覆を形成します（図2）。塗装としてはかなりの厚塗りですが、無被覆であるかのような視覚効果が得られます（図3）。もう1つは耐火鋼です。この鋼材は高温時の耐力低下が抑制されています。自走式立体駐車場であれば、ほとんどの場合に無耐火被覆が可能です。ただし、通常は耐火性能検証法に基づく耐火設計が必要であり、耐火建築物の性能が必要な場合には、図4の柱のように耐火塗料を併用する方が一般的です。

表1　鉄骨造の耐火被覆の代表的仕様

材料	厚さ（mm）		摘要（耐火構造の柱の構成）
	1時間	2時間	
吹付けロックウール	25	45	
巻付け	20	40	
ケイカル板	20	25	
強化石膏ボード	21	42	
耐火塗料	0.7 〜 4.5	4.5	
耐火鋼	（耐火性能検証法）		

石膏ボード厚12.5＋9.5
112
鋼製下地W65
角形鋼管
吹付けロックウール厚25

ケイカル板厚20
角形鋼管
スペーサー厚40

図1　ロックウール吹付け（提供：ロックウール工業会）

発泡開始　　　　発泡完了

図2　耐火塗料の発泡状況（提供：エスケー化研）

図3　耐火塗料の使用事例：富山県美術館
（設計：内藤廣、竣工 2017 年）（撮影：佐藤考一）

図4　耐火鋼の使用事例：東京国際フォーラム・ガラス棟（設計：ラファエル・ヴィニオリ、竣工 1996 年）（撮影：佐藤考一）

鉄の扉と錠前

　建築の細部に注目すると、扉に取り付けられる錠前は、強固さや精密さが必要となることから、いち早く鉄が使われた箇所だと考えられます。最初期のものは木製でしたが、古代ローマ時代には鉄や青銅などの金属を用いた錠前が登場しました。やがて錠前は、芸術的な装飾をもち、居住者の格を示す象徴性を求められるケースも増えています。

　一方で扉も、近代を迎えると、スチールドアが普及しました。特に公団が大量に建設した団地は、火災を延焼させない防火扉を導入し、戦後に多くの日本人が日常生活で体験する鉄扉となりました。厚さ 1.6mm の鋼板をプレス加工して、ドアを作り、蝶番、ドアノブ、のぞき窓、新聞投入口、受け箱などをつけています。ところで、政治学者の原武史は、『団地の空間政治学』（2012 年）において、団地に導入された自宅用の浴室とシリンダー錠が、日本の住宅で初めてプライバシーが確保された「マイホーム」の概念を成立させたと指摘しました。そして公団が子供の増加の想定を間違えたのは、「プライバシーが完全に確保された空間が、男女の生殖行動をこれほど誘発するとは考えていなかったからではないか」と推測しています。ともあれ、鉄という素材が、人々のふるまいを変えたかもしれないという興味深い仮説でしょう。

図1　階段に面した団地のドア

4

鉄骨造建築の
骨組と接合部

4・1　鋼材の材料力学

◉鋼材の機械的性質

　鋼材は鉄と炭素、ケイ素、マンガン、リン、硫黄を主とする合金です。特に炭素量によって鋼材の機械的性質は変化します。機械的性質には強度、硬さ、絞り、伸び、衝撃値があります。強度、絞り、伸びは引張試験（JIS Z 2241）で、硬さはロックウェル硬さ、ビッカース硬さ、ブリネル硬さ、ショアー硬さの各種試験、衝撃値はシャルピー衝撃試験（JIS Z 2202）で確認されます。

◉応力度－ひずみ関係と機械的性質

　鋼材の引張試験で得られる典型的な軟鋼の応力度 σ とひずみ ε 関係を図1に示します。応力度とひずみは載荷から比例限までほぼ直線の関係 $\sigma = E\varepsilon$ になります。この関係をフックの法則と呼び、その傾きはヤング係数 E で鋼種によらずほぼ一定値を示し、公称値は205,000N/mm^{2}です。力 F を除いてもひずみが生じない限界が弾性限です。弾性限を超えると、力を除いてもひずみが残る不可逆過程（塑性域）となります。その原因はコットレル固着と呼ばれる転位（金属結晶中の格子欠陥）の拘束です。コットレル固着の拘束力を超える作用を受けると拘束されていた転位が急激に移動して上降伏点が現れます。転位の拘束が解消された直後に下降伏点が現れます。一般に軟鋼の降伏点は上降伏点をさし、その応力度が降伏応力度 σ_y です。下降伏点からひずみ硬化までを降伏棚と呼びます。最大応力度を引張強さ σ_u と呼び、鋼材の強度は降伏応力度と引張強さを基準とします（4・3参照）。

　鋼材の特徴である延性破断の例として、図2に鉄筋コンクリート用棒鋼の引張試験後の試験片を示します。延性破壊は破壊までに大きな塑性変形を伴う破壊です。延性破壊時に現れる破壊面の例としてカップアンドコーン（cup and cone）型破壊があります。図1の引張強さ σ_u に達した後、断面中央へ向かって局部収縮してくびれ（necking）が生じます。鋼材内の微小な空隙が引張方向に拡大し、亀裂が引張方向と直交方向に進展します。周囲は引張方向と 45° の向きにせん断変形により引き延ばされてシャーリップ（shear lip）と呼ばれる破断面を形成して破断に至ります。

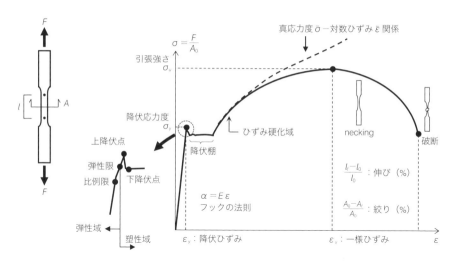

図1　軟鋼の応力度－ひずみ関係と鋼材の機械的性質

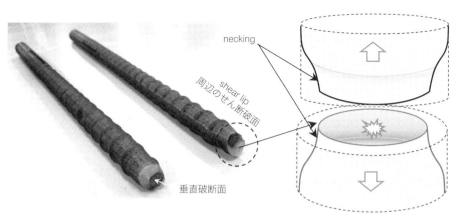

図2　カップアンドコーン型の破断面

4・2 降伏と塑性変形能力

◉降伏条件

鋼材の降伏現象は微視的には金属結晶中の原子が滑るせん断変形と考えられ、体積変化がほとんど生じないことが実験で確認されています。こうした結晶構造のせん断変形を鋼材の降伏現象として扱うためのモデルが2つ提案されています。1つは最大せん断応力度が材料に固有のある値に達して降伏が現れるトレスカの降伏条件（図1の六角柱）、他方はせん断ひずみエネルギーがある値に達して降伏するミーゼスの降伏条件（図1の円柱）です。主応力ベクトルの終点Sが降伏曲面内にあれば弾性状態、降伏曲面上であれば降伏していると判断します。既往の実験結果はミーゼスの条件と対応しています。なお主応力（または主応力度）ベクトルとは、せん断応力度が零となる方向（応力の主軸）の垂直応力度を成分とするベクトルです。

◉降伏比と塑性変形能力、架構の靱性

鋼材の強度は4・1の鋼材の材料力学で述べた降伏強さ σ_y と引張強さ σ_u で表されます。架構の塑性変形能力は材料の降伏比 $YR : \sigma_y / \sigma_u$ が影響します。例えば材端でファスナー接合された引張筋かい材が軸部降伏前にファスナー孔（断面欠損部）で破断しない条件（保有耐力接合 4・18 参照）は、材端の接合材と筋かい材が同一鋼種の場合、式(1)より断面積の比 $_jA_e/_BA_g$ が降伏比以上になることが必要です。図2(1)、(2)はそれぞれ断面積の比が降伏比以上（$_jA_e/_BA_g \geqq YR$）の架構と断面積の比が降伏比未満（$_jA_e/_BA_g < YR$）の架構です。図2(3)に2つの架構の水平力 P と水平変位 δ の関係を示します。図2(1)の架構は $P = P_{y(a)}$ で筋かい材の降伏が先行します。図2(2)の架構は $P = P_{y(b)}$ で筋かい材は弾性状態ですが接合材が降伏します。架構(1)、(2)の部材の引張強さ σ_u が等しい場合、図2(3)より架構の最大耐力 P_{max} は等しくなりますが、最大変位は降伏比によって異なり、塑性変形能力は架構(1)の方が高くなります。さらに架構が終局状態までに吸収するエネルギー総量は図2(3)の水平力－水平変位曲線の下の面積です。架構の靱性を終局状態までのエネルギー吸収量の大きさとした場合、架構(2)と比較して降伏比が小さい架構(1)の方が靱性が高いと言えます。

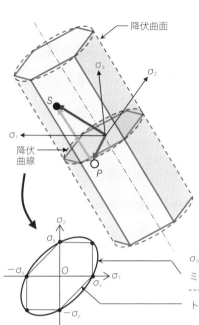

$\overrightarrow{OS} = (\sigma_1, \sigma_2, \sigma_3)$：主応力ベクトル

$\overrightarrow{OP} = (\sigma_1^d, \sigma_2^d, \sigma_3^d)$：偏差応力ベクトル

$\overrightarrow{PS} = (\bar{\sigma}, \bar{\sigma}, \bar{\sigma})$：静水圧ベクトル

$$\bar{\sigma} = (\sigma_1 + \sigma_2 + \sigma_3) / 3$$

ミーゼスの降伏条件

$$\frac{(\sigma_1 - \sigma_2)^2 + (\sigma_2 - \sigma_3)^2 + (\sigma_3 - \sigma_1)^2}{2} \leqq \sigma_y^2$$

σ_y：降伏強さ

トレスカの降伏条件

$$_i\tau_{max} = \left| \frac{\sigma_i - \sigma_j}{2} \right| \leqq \frac{\sigma_y}{2} \quad i, j = 1, 2, 3 \ i \neq j$$

$\sigma_3 = 0$：薄板の平面応力状態

ミーゼス $\quad \sigma_1^2 - \sigma_1\sigma_2 + \sigma_2^2 \leqq \sigma_y^2$

トレスカ $\quad |\sigma_i - \sigma_j| \leqq \sigma_y \quad i, j = 1, 2 \ i \neq j$

図1　降伏条件と降伏曲面

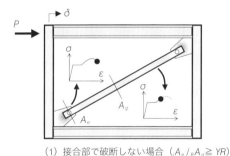

(1) 接合部で破断しない場合（$_iA_e / _BA_g \geqq YR$）

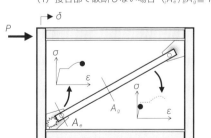

(2) 接合部で破断する場合（$_iA_e / _BA_g < YR$）

接合部の　　　　　　筋かい軸部の
最大耐力　　　　　　最大耐力

$$_iN_u = _iA_e \cdot \sigma_u \geqq _BA_g \cdot \sigma_y = _BN_y$$

$$\rightarrow \ _iA_e / _BA_g \geqq \ \sigma_y / \sigma_u \ \cdots\cdots 式 (1)$$

$_iA_e$：接合部の有効断面積

$_BA_g$：筋かい軸部の断面積

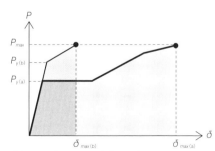

(3) 水平力 P － 水平変位 δ 関係

図2　筋かい付架構の塑性変形能力と降伏比 （出典：『わかりやすい鉄骨の構造設計』）

4·3 鋼材の材料強度と許容応力度

●基準強度、引張強さ

　鋼材の材料強度の基準強度が設定されています(平成12年建設省告示第2464号)。許容応力度等設計では一次設計で許容応力度設計、二次設計で保有耐力計算から構造安全性を確認します。許容応力度設計では存在応力度が許容応力度以下であることを確認します。許容応力度は基準強度から定められています。基準強度 F は表1に示す降伏点 σ_y の下限値と引張強さ σ_u の下限値の70%の小さい方の値とします(図1)。引張強さの70%を考慮する理由は降伏比の大きい鋼材や板厚が40mmを超える鋼材を含め、非弾性域の構造特性(最大耐力、塑性変形能力)から許容応力度が設定されているためです。また保有耐力計算で求める部材の全塑性耐力も基準強度を用います。2次設計で接合部の破断耐力の計算で使用する材料強度は引張強さ σ_u です。その値は材料規格値の下限値とします。代表的な構造用鋼材の基準強度と引張強さを後述する4·4の表1に示します。

　平成12年建設省告示第2464号第3より JIS 適合品で炭素鋼の構造用鋼材の基準値は規定値を1.1倍以下の値にできます。ただし、許容応力度を計算する際に基準強度を1.1倍以下の値を用いることはできません。また4·22の鉄骨造体育館の耐震改修にて、改修指針は接合部の曲げ、引張の保有耐力接合の検討で基準強度を1.1倍せず、屋体基準は高力ボルトを除く材料で基準強度と引張強さを1.1倍します。

●許容応力度

　許容応力度は鋼材の基準強度 F に基づく強度を材料安全率 ν で除して設定されます。基準強度に基づく強度とは垂直応力度で断面検定する圧縮応力、引張応力、曲げ応力では F とし、せん断応力度で検定する際は $F/\sqrt{3}$ としています(表2下の注を参照)。材料安全率は長期応力と短期応力で区別されており、長期は1.5、短期は1.0です。表2の許容応力度とは別に曲げ座屈に対する許容圧縮応力度、横座屈に対する許容曲げ応力度、局部圧縮力に対する許容支圧応力度も基準値を用いて定められています(座屈に関しては4·9と4·10を参照)。

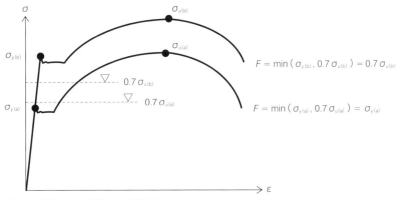

$$F = \min(\sigma_{y(b)}, 0.7\,\sigma_{u(b)}) = 0.7\,\sigma_{u(b)}$$

$$F = \min(\sigma_{y(a)}, 0.7\,\sigma_{u(a)}) = \sigma_{y(a)}$$

図1　基準強度、降伏点、引張強さ

表1　JIS 規格材と認定材の機械的性質

強度区分	鋼種	降伏点または耐力 下限／上限 (N/mm²)	引張強さ 下限／上限 (N/mm²)	降伏比 上限 (%)	伸び 下限 (%)	吸収エネルギー 下限 (J)	絞り 下限 (%)
400N 級	SS400	235 ／	400 ／ 510	—	21	—	—
	SN400A	235 ／ 355	400 ／ 510	—	21	—	—
	SN400B	235 ／ 355	400 ／ 510	80	22	27	—
	SN400C	235 ／ 355	400 ／ 510	80	22	27	25
	BCP235	235 ／ 355	400 ／ 510	80	22	27	—
	BCR295	295 ／ 445	400 ／ 550	90	27	27	—
490N 級	SS490	275 ／	490 ／ 610	—	19	—	—
	SN490B	325 ／ 445	490 ／ 610	80	21	27	—
	SN490C	325 ／ 445	490 ／ 610	80	21	27	25
	BCP325	325 ／ 445	490 ／ 610	80	21	27	—

注）降伏点、引張強さ、降伏比は板厚 $16 < t \leqq 40\text{mm}$ の場合
　　伸びは板厚 $16 < t \leqq 50\text{mm}$ の場合
　　吸収エネルギーはシャルピー衝撃試験 0℃の値
　　絞りは Z 方向引張試験の値

表2　鋼材の許容応力度

長期応力				短期応力			
圧縮	引張	曲げ	せん断	圧縮	引張	曲げ	せん断
$\dfrac{F}{1.5}$	$\dfrac{F}{1.5}$	$\dfrac{F}{1.5}$	$\dfrac{F/\sqrt{3}}{1.5}$	長期許容応力度の 1.5 倍			

F：基準強度　単位：N/mm²

注）主応力 σ_1、σ_2 で示されたミーゼスの降伏条件を断面の主軸方向の応力度 σ_x、σ_y、τ_{xy} で表すと

$$\left.\begin{array}{l} \sigma_1{}^2 - \sigma_1\,\sigma_2 + \sigma_2{}^2 \\ = \sigma_x{}^2 - \sigma_x\,\sigma_y + \sigma_y{}^2 + 3\,\tau_{xy}{}^2 \leqq \sigma_y{}^2 \\ \sigma_x,\ \sigma_y = 0 \end{array}\right\} \quad \tau_{xy} \leqq \dfrac{\sigma_y}{\sqrt{3}} \rightarrow \dfrac{F/\sqrt{3}}{\nu} \qquad \nu：材料安全率$$

4・4 構造用鋼材

◉代表的な構造用鋼材と強度

建築物で使用する構造用鋼材は日本工業規格（JIS）に適合した規格材、もしくは規格材と同等以上の品質を有する認定材であり、従来 SS、SM、STK、STKN、STKR材が主として使用されていましたが、現在では 1994 年 6 月に制定された JIS G3136（建築構造用圧延鋼材）の SN 材が主流です。SN 材には形状別に数種の圧延鋼材があり板状の鋼板、鋼帯、平鋼、条鋼では形鋼と棒鋼です。棒鋼では JIS G 3138（建築構造用圧延棒鋼 SNR）、圧延材以外で JIS G 3475（建築構造用炭素鋼管 STKN）の規格も設定されています。

SN 材は架構全体の靱性を確保するために、降伏強さのばらつきの上下限値、降伏比の上限値、溶接の品質確保として化学成分、シャルピー衝撃試験吸収エネルギー値が定められています。4・3 の表 1 より定まる JIS 規格材の基準強度と引張強さを表1 に示します。

◉ SN 材の強度種別と使用区分

SN 材の引張強さは 400N/mm² 級、490N/mm² 級の 2 種類で区分されています。鋼種は A、B、C の三種で使用する部材に応じて SN400 材は A, B, C、SN490 材は B, Cに区分されています。A 種は弾性範囲で設計し、主として溶接しない部材（小梁、トラス、二次部材）、B 種は塑性変形能力と溶接の品質が確保されるべき柱、大梁の耐震設計上主要な部材、C 種は B 種の要件に加えて板厚 16mm 以上で引張試験での絞り値の下限が 25％ の規定があり、板厚方向に応力が作用する貫通ダイアフラムやボックス型の溶接組立柱のスキンプレートに用いられています。（表記は図 1 参照）

◉ JIS 規格外の構造用鋼材

認定材として冷間成形角形鋼管 BCR、BCP、建築構造用高性能鋼 SA、耐火鋼 FR、TMCP 鋼材、低降伏点鋼 LY が挙げられます（図 2）。BCR は 400N/mm² 級のみ、BCPは 400N/mm² 級と 490N/mm² 級があります（表 2）。BCR、BCP の材料特性は SN 材に準拠し「冷間成形角形鋼管設計・施工マニュアル」の内容が告示化されています。

表1　JIS 規格材の基準強度 F と引張強さ σ_u

鋼種	建築構造用		一般構造用			溶接構造用		
	SN400 SNR400 STKN400	SN490 SNR490 STKN490	SS400 STK400 STKR400	SS490	SS540	SM400	SM490 STKR490 STK490	SM520
F　$t \leqq 40$	235	325	235	275	375	235	325	355
$40 \leqq t \leqq 100$	215	295	215	255	—	215	295	$t \leqq 75$ 355　$t > 75$ 325
σ_u	400	490	400	490	540	400	490	520

注）F、σ_u：単位（N/mm2）　t：板厚（mm）
　　　$40 \leqq t$ の場合、製造時に冷却のむらが生じ降伏点が低下しやすい
出典：『わかりやすい鉄骨の構造設計』

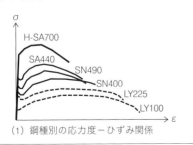

SN　400　A

鋼種　　使用区分

規格材：引張強さの下限値
認定材：降伏点の下限値

図1　鋼材の記号

表2　認定材の基準強度 F（冷間成形角形鋼管）

鋼種	BCR295	BCP235	BCP325
F	295	235	325
t	6～22	6～40	520

注）F：単位（N/mm2）　t：板厚（mm）

・SA440, H-SA700

構造用高性能鋼材、高強度鋼材

SA440 は板厚が 40mm 以上でも規格降伏点は低下せず 440N/mm² です。降伏点の上下限域は 100N/mm²、引張強さの下限値が 590N/mm²、降伏比が 0.8 以下で SN 材より高強度で塑性変形能力が期待できます。H-SA700 は降伏点が通常の鋼材の約 2 倍で、無損傷の設計が検討できますが、降伏比は 98% 以下と高くなります（図2(1)）。

（1）鋼種別の応力度－ひずみ関係

・TMCP　Thermo-Mechanical Control Process

熱加工制御鋼材

高強度、高靭性を図る目的で圧延時に水冷工程を設け、板厚が 40mm 以上でも規格降伏点が低下しません。

・FR　Fire Resistant Steel

耐火鋼材

立体駐車場等の外部に鉄骨が露出する建築物に無耐火被覆目的で使用されています。

・LY　Low Yield Steel

低降伏点鋼材

軟鋼と比較して強度が低く延性に富む鋼材で、エネルギー吸収材として制震デバイスに使用されています。

図2　JIS 規格材以外の認定材

4・5

鉄骨構造の設計 ①
設計ルート

◉**性能設計**

　建築基準法施行令が 2000 年に改正され、従来の仕様規定型設計に加えて、建築物の保有性能を評価し設定された目標性能を満足しているかを検証する性能設計が位置付けられました。表 1 に示すように長期荷重時で使用性能、短期荷重時で修復性能、極めてまれに作用する荷重に対して安全性能を満たしているかを検証します。高さ 60m 以下の建築物に関しては従来の許容応力度等計算と保有水平耐力計算で要求性能を検証することができます。限界耐力計算は 50 年再現期待値（表 1 注参照）の荷重・外力（中地震）に対して構造耐力上主要な部分が損傷しない（損傷限界）、500 年再現期待値の荷重・外力（大地震）に対して架構全体が崩壊、倒壊しない（安全限界）ことを検証する計算方法です。この計算方法では要求性能となる安全限界変位を設定し、その限界変位をもたらす地震層せん断力＜安全限界耐力（保有水平耐力）を検証します。

◉**鉄骨造建築物の耐震設計ルート**

　構造計算は建築物の規模に応じて設計ルートが設定されています（図 1）。建築物の規模は建築基準法第 20 条より一号から四号に区分されています。四号建築物（建築基準法第 20 条第四号）は小規模な建築物でかつ政令で定める技術的基準に適合していれば構造計算の必要はありません。ルート 1-1、1-2 は比較的小規模な鉄骨造に対する設計ルートです。一次設計のみで終了することができますが、地震力を 1.5 倍し、筋かい接合部の保有耐力設計が必要です。ルート 2 は高さ 31m 以下で層間変形角、剛性率、偏心率、塔状比、靭性等の確保を検証する設計ルートで、保有水平耐力計算を省略することができます。ルート 3 は高さが 31m を超え 60m 以下、またはルート 2 での検討を満たさない建築物に対する設計ルートです。一号建築物（建築基準法第 20 条第一号）は高さ 60m を超える建築物で国土交通大臣が定める基準に従った時刻歴応答解析等の計算が求められます。なお、冷間成形角形鋼管の柱で板厚が 6mm 以上の場合、構造計算法が告示化されています。

表1　荷重・外力の組み合わせ

要求性能	検討用応力	荷重状態	一般地域	多雪地域	備考
使用性能	長期許容応力度	常時	$G+P$	$G+P$	—
		積雪時		$G+P+0.7S$	再現期間50年で発生確率99%
修復性能	短期許容応力度	積雪時	$G+P+S$	$G+P+S$	50年再現期待値
		暴風時	$G+P+W$	$G+P+W$	
				$G+P+0.35S+W$	
		地震時	$G+P+K$	$G+P+0.35S+K$	中地震
安全性能	終局強度	積雪時	$G+P+1.4S$	$G+P+1.4S$	500年再現期待値
		暴風時	$G+P+1.6W$	$G+P+1.6W$	
				$G+P+0.35S+1.6W$	
		地震時	$G+P+K$	$G+P+0.35S+K^*$	大地震

注）表中の記号は下記の荷重・外力によって生じる力
　　G：固定荷重、P：積載荷重、S：積雪荷重、W：風圧力、K：地震力、K^*：＝5K
　　対象とする現象が平均してある期間に1度発生するとします。その期間を再現期間と呼び、再現期間に発生する現象の最大値を再現期待値といいます
出典：『わかりやすい鉄骨の構造設計』

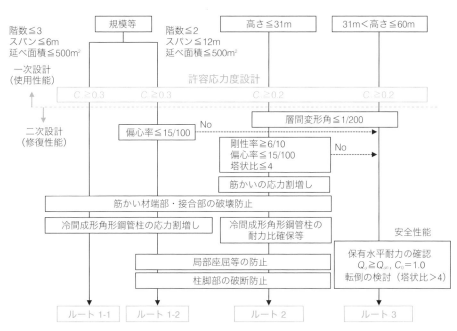

図1　鉄骨造建築物の耐震設計ルート

4　鉄骨造建築の骨組と接合部

4・6

構造設計に関する基準・規準

◉**構造設計に関する法令と告示**

　建築物の構造設計は建築基準法（法律）で定められている構造技術に関する規定に基づいて行われます。特に建築基準法第20条の構造耐力（構造計算の適用関係）、建築基準法第37条の建築材料の品質（JIS規格の適合、認定材）、建築基準法第38条の特殊の構造方法又は建築材料（継手又は仕口の構造等）が関係します。更に建築基準法同施行令（政令）や告示（大臣告示）では最低限守るべき基準が規定されています。建築基準法令における構造関係技術基準の規定とその趣旨の解説は、例えば「2020年度版　建築物の構造関係基準解説書」に記されています。

◉**構造設計に関する規準・指針**

　一般社団法人日本建築学会は鉄骨造建築の構造設計に関する規準・指針を発行しています。「鋼構造許容応力度設計規準」（2019）は、鉄骨造の許容応力度設計に関する規準です。「鋼構造塑性設計指針」（2010）は塑性解析の解説、板要素、梁、柱、接合部の設計式、鉄骨造の塑性設計例がまとめられた指針です。「鋼構造座屈設計指針」（2009）は各種の座屈現象に対する設計式と物理的説明、設計に関する諸注意を圧縮材、梁材、柱材、板要素、トラス、骨組、スペースフレームに関して広範囲に解説がなされています。「鋼構造限界状態設計指針・同解説」（2010）では限界状態設計法、荷重係数の設定と耐力係数の評価手法、信頼度設計手法による設計が示され、同指針は現在の性能設計との関連、各指針との整合性が図られています。「鋼構造接合部設計指針」（2012）では鉄骨造の各種接合部（継手、柱梁接合部、柱梁接合部パネル、筋かい接合部、柱脚）の耐力評価が解説され、降伏耐力と最大耐力が規定されています。「建築物荷重指針・同解説」（2015）は許容応力度設計等の決定論的設計体系と限界状態設計などの確率論的設計体系での設計荷重の設定法が解説されています。また建築物の要求性能に安全性、使用性に加えて修復性が設けられ、新規に津波荷重と衝突や爆発現象による衝撃荷重が追加されました。

　4章では基準法、施行令、告示、規準、指針等を表1および2の略称を用います。

表 1　建築基準法施行令、告示の構造技術に関する規定例

略　　称	内　　容
令第 36 条	構造方法に関する技術的基準
令第 36 条の 2	二号建築物
令第 36 条の 3	三号建築物
令第 63 条〜令第 70 条	鉄骨構造の適用範囲、材料、圧縮材の有効細長比、柱脚部、接合等
令第 81 条	構造計算基準の適用
令第 82 条の 3	保有水平耐力
令第 82 条の 5	限界耐力計算
令第 82 条の 6	剛性率の計算、偏心率の計算
令第 90 条	鋼材等の許容応力度
令第 92 条	溶接継目ののど断面に対する許容応力度
令第 92 条の 2	高力ボルト接合の許容応力度
令第 96 条	鋼材等の材料強度
令第 98 条	溶接継目ののど断面に対する材料強度
平 20 国交告第 969 号 第 1・第 2 改正	特殊な許容応力度及び特殊な材料強度 鋼材等の支圧、圧縮材の座屈、曲げ材の座屈
平 12 建告第 1464 号	鉄骨造の継手又は仕口の構造方法：縁端距離、高力ボルト摩擦接合の摩擦面、溶接品質
平 27 国交告第 186 号 第 1〜第 3 改正	鉄骨造ルート 2 の計算：塔状比制限、筋かい架構の応力の割増し、塑性変形能力の確保、冷間成形角形鋼管柱の設計
平 19 国交告第 596 号 第 1・第 3 改正	鉄骨造の構造特性係数 D_s の算出 柱・梁、筋かい材の種別

出典：『2020 年度版　建築物の構造関係基準解説書』

表 2　日本建築学会の鉄骨造の構造設計に関する規準、指針

内　　容	書　名（下段は略称）	刊行年
許容応力度設計	鋼構造許容応力度設計規準 → 許容応力度設計規準	2019
塑性設計法	鋼構造塑性設計指針 → 塑性設計指針	2010
座屈設計	鋼構造座屈設計指針 → 座屈設計指針	2009
限界状態設計	鋼構造限界状態設計指針・同解説 → 限界状態設計指針	2010
接合部の耐力評価	鋼構造接合部設計指針 → 接合部設計指針	2012
荷重・外力の設定法	建築物荷重指針・同解説 → 荷重指針	2015

4・7

鉄骨構造の設計 ③
制振・免震

◉制振技術

　超高層建築物や大スパン建築物では地震や風の動的外乱に対する応答が目標性能（使用限界、損傷限界、安全限界）を満足するように制振技術が導入されています。表1にパッシブ制振構造設計・施工マニュアルで示されているパッシブ方式の制振機構と制振部材の分類を示します。エネルギー消散機構は制振部材（ダンパー）の塑性履歴減衰と粘性減衰です。ダンパーの減衰抵抗力は速度、振幅、温度、振動数の依存性を考慮して評価されます。図1は表1中の鋼材ダンパーと粘性ダンパーの事例です。制振部材の取り付け部はダンパーの限界減衰抵抗力を保証するために限界抵抗力に対して弾性設計を原則とします。付加質量機構では付加質量の固有周期を建物の固有周期に一致させ、建物の振動エネルギーを付加質量の運動エネルギーへ移行させます。耐震改修に同調質量ダンパーを用いるときの留意点として、1) 大規模建築物は重量が大きいため、応答低減に必要な付加質量は大きくなります。2) 大スパン建築物の屋根は固有周期が近接する固有モードを複数有する場合があり、抑制対象外の固有モードを励起させない付加質量の配置が重要です。

◉免震技術

　免震構造は地盤から建物に伝わる地震エネルギーを低減させる構造です。重層建築物では基礎部分に免震層を設けた基礎免震が多く、地震時に建物が周囲の構造物や地盤と衝突しないようにクリアランスが必要です。建物周囲にクリアランスが設けられない場合、基礎より上部の階に免震層を設ける中間階免震があります。免震層に設置する装置は固有周期を長くする積層ゴム支承と振動エネルギーを吸収するダンパーの組み合わせが一般的です。代表的なダンパーは弾塑性ダンパー（金属材料の塑性化による履歴減衰）とオイルダンパー（粘性流体の摩擦減衰）です。大スパン建築物では下部構造と屋根架構の境界に積層ゴム支承を設置し、地震時応答以外に温度応力の低減を図る事例もあります。また免震技術は歴史建造物へのレトロフィットにも活用されています。表2に免震技術の事例を示します。

表 1　パッシブ方式の制振機構と制振部材の例

制振機構	制振部材	減衰抵抗
エネルギー 消散機構	鋼材ダンパー	鋼材の塑性変形
	摩擦ダンパー	接触する物質間の摩擦力
	オイルダンパー	流体の慣性力
	粘性ダンパー	充填材の流動抵抗、粘性体のせん断抵抗
	粘弾性ダンパー	粘性材料の粘性減衰、充填材の塑性変形
付加質量 機構	同調質量ダンパー	固体による付加質量の慣性力
	同調液体ダンパー	液体による付加質量の慣性力

出典：『パッシブ制振構造設計施工マニュアル　第3版』

(1) 低降伏点鋼を用いた鋼材ダンパー
東京工業大学すずかけ台キャンパスG3棟 (提供：佐藤考一)

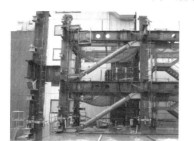

(2) 粘性ダンパー (回転筒型)
(提供：免制震ディバイス)

(3) 粘性ダンパー (壁型)
(提供：免制震ディバイス)

図 1　パッシブ方式の制振部材

表 2　免震技術の導入例

免震技術	建物名称
中間階免震	新発田市庁舎、汐留浜離宮ビル、中之島フェスティバルタワー
屋根免震	きらら元気ドーム、京都アクアリーナ ・水平、鉛直地震時応答、温度応力の低減
レトロフィット	東京駅丸の内駅舎 ・逆打工法で地下新設後、一階－地下間に免震装置

4·8

座屈の種類

◉座屈現象

　鋼材は高剛性で比強度が高い延性材料であり、鉄骨架構の部材は薄い板要素で構成された細長い部材がよく用いられます。それゆえ鉄骨造の設計では様々な座屈現象に対する配慮が必要です。ライズスパン比が小さいドーム状構造の鉄骨屋根架構は、鉛直荷重に対する屋根の面外剛性が低くなります。円筒形のタンクやサイロ等の貯槽体は径厚比の大きいが大きい殻（シェル）構造です。これらの鉄骨造に過大な荷重・外力が作用すると部材や板要素に生じる圧縮力により、材料強度と断面形状から定まる断面耐力以下の応力で部材の耐荷力が消失するとともに、急激に曲げを主とする変形が進行し、構造全体が崩壊に至ることがあります。このような現象を「座屈」と呼んでいます。座屈現象は釣合状態の唯一性が成立しなくなる時に発生すると数理解析的に説明することができます。

◉座屈の種類

　代表的な座屈として圧縮材の曲げ座屈（図1）、梁の横座屈（図2）、板要素の局部座屈（図3）、高軸力と水平力を受ける架構の屈服座屈（図4(1)）、低ライズドームの飛移座屈（図4(2)）、高ライズドームの分岐座屈（図4(3)）が挙げられます。圧縮材の曲げ座屈は Leonhard Euler が 1774 年に真直な弾性部材が中心圧縮を受けたとき、曲がり始める荷重を理論的に示し、座屈設計の基礎となっています。横座屈は面内に強軸曲げを受ける部材が弱軸方向にねじれを伴って変形する現象で曲げねじれ座屈とも呼ばれています。局部座屈は部材を構成している平板要素が軸方向力、曲げ、せん断の作用に対して面外変形する座屈現象です。架構の座屈には荷重の作用方向に座屈変形する屈服座屈と飛移座屈、荷重が作用する方向と異なる方向に座屈変形する分岐座屈に分類されます（荷重モードと座屈モードを表す各ベクトルが直交する場合が分岐座屈）。金属製の貯槽体が地震や津波等の横力を受けたときの座屈として、円筒シェル特有の像の脚座屈やダイヤモンドパターン座屈があります（図5）。それぞれの座屈に対する設計式や留意点を以降で説明します。

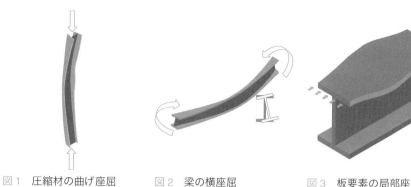

図1　圧縮材の曲げ座屈　　図2　梁の横座屈　　図3　板要素の局部座屈

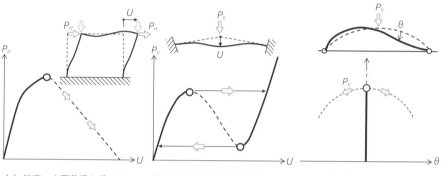

（1）鉛直・水平荷重を受ける
　　ラーメン架構の屈服座屈

（2）鉛直荷重を受ける低ライズ
　　ドームの飛移座屈

（3）鉛直荷重を受ける高ライズ
　　ドームの分岐座屈

図4　架構の座屈

（1）像の脚座屈

（2）ダイヤモンドパターン座屈

図5　貯槽体の座屈

4・9

座屈 ②

曲げ座屈

◉**設計式**

　圧縮部材の曲げ座屈は座屈設計の基礎であり、その起源はオイラー座屈荷重です。中心圧縮力を受ける単純支持された完全系の圧縮材のオイラー座屈荷重は $P_E = \pi^2 EI/l^2$ です。E はヤング係数、I は断面二次モーメント、l は材長です。1次設計では存在応力度 σ_c が図2の実線で示される座屈強度を座屈安全率 ν で除した許容圧縮応力度 f_c 以下になるように断面算定されます。許容圧縮応力度は座屈時に材料が弾性域か非弾性域かを区別し、式(1)、(2)と同様の形式で示されています。座屈強度は細長比 $\lambda \leqq$ 限界細長比 Λ の場合は非弾性座屈で Johnson の放物線、$\lambda > \Lambda$ の場合は弾性座屈でオイラー座屈荷重から得られる座屈応力度です。弾性域と非弾性域との境界を表す限界細長比は、部材の形状不整や残留応力で比例限界が降伏応力度 $0.6\,\sigma_y$ として $\Lambda = \sqrt{\pi^2 E/0.6\,\sigma_y}$ で算定されます。式(1)、(2)の図化は図2中の破線で、一点鎖線が短期許容圧縮応力度、実線が座屈応力度の曲線です。座屈安全率 ν は材料安全率と異なり、細長比が零で鋼材の材料安全率 3/2 とし細長比 λ が大きくなると大きくなり、限界細長比 Λ 以上の弾性座屈域で 13/6 に等しいとしています（図3）。

◉**座屈長さと細長比制限**

　細長比を計算する際、座屈長さに注意が必要です。例えば図4に示す強軸と弱軸で周辺部材の拘束により座屈長さが異なる場合、各軸の細長比を計算して細長比が大きい方で先に曲げ座屈が発生するとして許容圧縮応力度を計算します。全体架構の水平移動が拘束されていると評価できるラーメン構造（図5(1)）では、梁の回転拘束効果により柱の座屈長さ $l_k =$ 柱の節点間距離 l_c とすれば安全側の評価になります。一方、水平移動が拘束されていない場合（図5(2)）、柱の座屈長さは一般に $l_k \geqq l_c$ となります。塑性設計指針では柱頭柱脚で柱と梁の剛度 K_C、K_G の比から、柱の座屈長さの近似評価法が示されています。二次設計で柱の塑性変形能力を確保するために、例えば塑性設計指針では図6に示す降伏軸力 N_y に対する軸圧縮力 N の比に対して細長比の制限が示されています。

$$\lambda \leq \Lambda \quad \rightarrow \quad \frac{f_c}{F} = \frac{[1 - 0.4(\lambda / \Lambda)^2]}{\nu} \quad \cdots\cdots 式(1)$$

$$\lambda > \Lambda \quad \rightarrow \quad \frac{f_c}{F} = \frac{0.6}{\nu(\lambda / \Lambda)^2} \quad \cdots\cdots 式(2)$$

図1 中心圧縮材の長期許容圧縮応力度
(出典:『許容応力度設計規準』)

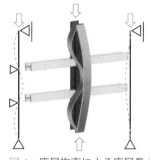

図4 座屈拘束による座屈長さ

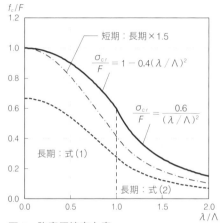

図2 許容圧縮応力度

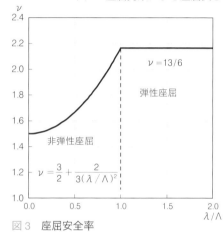

図3 座屈安全率

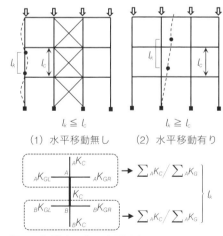

図5 架構内の柱の座屈長さ
(出典:『塑性設計指針』)

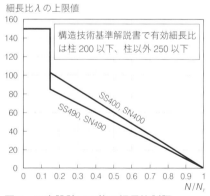

図6 二次設計での柱の細長比制限
(出典:『塑性設計指針』)

4・10

座屈 ③
横座屈

●設計式

　強軸回りの面内曲げを受ける梁はねじれながら横に倒れることがあります。つまり図1(1)に示す曲げ圧縮側の断面領域で弱軸回りに曲げ座屈し、開断面の場合はねじり剛性が低いため、ねじれを伴って変形します。この座屈を横座屈または曲げねじれ座屈と呼びます。横座屈の基本応力は単曲率の等曲げを受ける弾性横座屈モーメント M_{cre} であり、例えば許容応力度設計規準では式(1)と類似の式で示されています。式(1)根号中の第1項はワーグナーねじりによるモーメント（点線）、第2項がサンブナンねじりによるモーメント（細実線）を表しています。l_b は横座屈変形を拘束している長さで横補剛間隔と呼ばれています。C は横補剛間隔 l_b 内の曲げモーメント分布で定まる補正係数であり、式(4)と図1(2)より $1.0 \leqq C \leqq 2.3$ で等曲げのときに最小値1.0です。M_2/M_1 の符号は単曲率で負、複曲率で正とします。図1(3)は式(3a)〜(3c)を図化した長期許容曲げ応力度 f_b と曲げ材の細長比 λ_b との関係です。許容曲げ応力度は弾性横座屈モーメントを $M_{cre} \geqq 0.6M_y$（M_y は降伏モーメント）とし、式(2a)の曲げ材の細長比 λ_b の値に対応させた弾性座屈、弾塑性座屈、降伏モーメントから定まる3つの区分で設定されています。短期許容応力度は長期許容応力度の1.5倍です。横座屈は圧縮材の曲げ座屈同様に部材座屈であり、横座屈発生前に局部座屈（4・11参照）が生じないことを確認する必要があります。

●横補剛

　架構の終局強度を確保するために梁降伏型設計とした場合、梁の塑性変形能力を保証する必要があります。特に逆対称曲げを受ける梁端部が全塑性状態に達した後も塑性域の進展が期待できるように横補剛を設け、横座屈の発生を抑制する必要があります。横補剛の位置は圧縮応力が発生する梁フランジの面外変位を拘束するようにスラブや小梁、方杖、ガセットプレートと緊結します（図2）。構造技術基準解説書では横補剛を均等間隔に設ける方法（横補剛の必要数）と梁端部に近い箇所に設ける方法（横補剛間隔）が示されています。

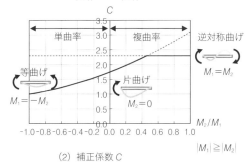

$$M_{cre} = C \sqrt{\underbrace{\left(\frac{\pi^2 E \sqrt{I_y I_w}}{l_b^2} \right)^2}_{\text{ワーグナーねじり}} + \underbrace{\left(\frac{\pi \sqrt{EG I_y J}}{l_b^2} \right)^2}_{\text{サンブナンねじり}}} \quad \cdots\cdots 式(1)$$

$$\lambda_b = \sqrt{M_p / M_{cre}} \quad \cdots\cdots 式(2a)$$

$$_e\lambda_b = 1 / \sqrt{0.6} \quad \cdots\cdots 式(2b)$$

$$_p\lambda_b = 0.6 + 0.3(M_2 / M_1) \quad \cdots\cdots 式(2c)$$

(1) 弾性横座屈モーメント

降伏モーメント領域　$\lambda_b \leqq {}_p\lambda_b$　$\dfrac{f_b}{F} = \dfrac{1.0}{\nu}$ 　$\cdots\cdots 式(3a)$

弾塑性横座屈領域　${}_p\lambda_b < \lambda_b < {}_e\lambda_b$　$\dfrac{f_b}{F} = \left(1.0 - 0.4 \dfrac{\lambda_b - {}_p\lambda_b}{{}_e\lambda_b - {}_p\lambda_b} \right) / \nu$　$\cdots\cdots 式(3b)$

弾性横座屈領域　${}_e\lambda_b < \lambda_b$　$\dfrac{f_b}{F} = \dfrac{1.0}{\nu({}_e\lambda_b)^2}$　$\cdots\cdots 式(3c)$

$$C = 1.75 + 1.05 \left(\frac{M_2}{M_1} \right) + 0.3 \left(\frac{M_2}{M_1} \right)^2 \leqq 2.3 \quad \cdots\cdots 式(4) \qquad \nu = \frac{3}{2} + \frac{2}{3} \left(\frac{\lambda_b}{{}_e\lambda_b} \right)^2 \quad \cdots\cdots 式(5)$$

(2) 補正係数 C

$|M_1| \geqq |M_2|$

(3) 許容応力度の区分

図1　曲げ材の長期許容曲げ応力度（出典：『許容応力度設計規準』）

上記記号の補足

E　：ヤング係数

G　：せん断弾性係数

I_y　：弱軸の断面二次モーメント

I_w　：曲げねじり定数

J　：サンブナンのねじり定数

${}_e\lambda_b$：弾性限界細長比

${}_p\lambda_b$：塑性限界細長比

F　：基準値

ν　：座屈安全率

図2　小梁と方杖による横補剛（提供：宮坂設計）

4·11

局部座屈

◉設計式

　鉄骨部材は複数の板要素で構成されています。板要素が面外方向に座屈する現象を局部座屈といいます。図1に示す単純支持された幅 b、厚さ t の板に一様圧縮力 N_x が作用したときの微分方程式は式(1)で、その最小値の弾性座屈解は式(3)です。式(3)から弾性座屈は b/t（幅厚比、円形鋼管は径管比）の2乗に逆比例します。k は辺長比で定まる弾性座屈係数であり、例を表1に示します。板要素が薄過ぎると局部座屈が生じやすいため、幅厚比が制限されています。例えば許容応力度設計規準は一次設計用として「板要素が降伏するまでは座屈しない」という条件で幅厚比が制限されています。この場合、幅厚比制限は式(4)で設定されています。式(4)は図2で弾性座屈限界を $0.6F$ とし、限界幅厚比 λ_A の式で降伏応力度 σ_y を基準値 F と置いた式です。限界幅厚比は平均圧縮応力度が降伏応力度に達する最大の幅厚比です。せん断力を受けるウェブの幅厚比制限は図2の F を $F/\sqrt{3}$ と置き換えて設定します。幅厚比の制限値は部材の必要塑性変形能力を保証する各規準や指針で異なります。

◉板要素の補剛

　梁端部でウェブプレートの座屈応力度が低い場合、図3に示す中間スチフナや水平スチフナを設けます。中間スチフナはせん断座屈の補強、水平スチフナは曲げ・圧縮座屈の補強材です。許容応力度設計規準で中間スチフナの間隔とウェブプレートの幅の比で座屈係数が示されています。有孔板の補剛（図4）として圧縮力ではスチフナ、曲げとせん断ではダブラ補強が有効です。具体的には正方形板で幅 b、孔径 d が $0.3 \leqq d/b \leqq 0.5$ の範囲で実験にて確認されています。許容応力度設計規準では集中荷重点でウェブフィレット先端部の圧壊に対するスチフナによる補強の考え方が示されています。補強部を、板厚 t_w のウェブの両側にスチフナを溶接しウェブの有効幅を $30\,t_w$（端部では $15\,t_w$）の十字型断面で、座屈長さを梁せい H の 0.7 倍（上下のフランジの拘束効果を両端ピンと両端固定の中間として評価）の圧縮材（図4）として設計します。

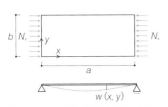

$$D\left(\frac{\partial^4 w}{\partial x^4} + 2\frac{\partial^2 w}{\partial x^2}\frac{\partial^2 w}{\partial y^2} + \frac{\partial^4 w}{\partial y^4}\right) + N_x\frac{\partial^2 w}{\partial x^2} = 0 \quad \cdots\cdots 式 (1)$$

$$D = \frac{Et^3}{12(1-\nu^2)} \quad : 平板の曲げ剛性 \quad \cdots\cdots 式 (2)$$

$$\sigma_{cr} = k\frac{\pi^2 E}{12(1-\nu^2)}\left(\frac{t}{b}\right)^2 \cdots\cdots 式 (3)$$

E：ヤング係数
ν：ポアソン比

図1　一様圧縮を受ける単純支持の長方形平板

表1　長方形平板の弾性座屈係数 k

4.0	5.41	6.98	$0.425 + (b/a)^2$	1.477

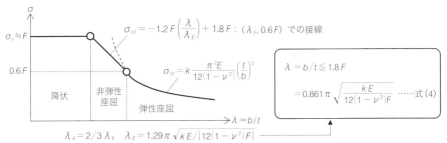

$\sigma_{cr} = -1.2F\left(\frac{\lambda}{\lambda_E}\right) + 1.8F : (\lambda_E, 0.6F)$ での接線

$\sigma_{cr} = k\frac{\pi^2 E}{12(1-\nu^2)}\left(\frac{t}{b}\right)^2$

$\sigma_y \fallingdotseq F$

$0.6F$

降伏　非弾性座屈　弾性座屈

$\lambda = b/t$

$\lambda_A = 2/3\,\lambda_E$　　$\lambda_E = 1.29\pi\sqrt{kE/\{12(1-\nu^2)F\}}$

$$\lambda = b/t \leqq 1.8F$$
$$= 0.861\pi\sqrt{\frac{kE}{12(1-\nu^2)F}} \quad \cdots\cdots 式 (4)$$

図2　許容応力度設計規準での局部座屈応力度

図3　スチフナで補強された梁ウェブと二次設計での細長比制限 （提供：宮坂設計）

図4　有孔板と集中荷重点の補強
（提供：宮坂設計）

4·12 接合方法 ①
ファスナー接合

◉ファスナー接合の種類と特徴

建築で使用される接合方法としてファスナー接合があります。ファスナー接合は鋼製の部品を介して部材内、部材間に力を伝達させる方法です。ファスナーにはリベット、ボルト（JIS B 1051 普通ボルト、中ボルトとも呼びます）、高力ボルト（JIS B 1186 と大臣認定品）があります。ボルト接合（図1(1)）は接合材の支圧力とボルトのせん断力で力を伝達し、軒高9m以下でかつ張間13m以下（延べ面積3,000m²以下）の建築物で、構造耐力上主要な接合に使用が可能です。高力ボルト接合（図1(2)）はボルトに導入した張力と釣り合う材間圧縮力で発生する材間摩擦力で力を伝達し、ボルト接合と比して高い強度が得られます。図2は高力ボルト接合の基本形式です。高力ボルト接合の許容せん断力はボルト本数と摩擦面の数に比例します。

◉高力ボルトの機械的性質、導入張力、許容応力度

高力ボルトの等級は JIS B 1186 より F8T と F10T があり、その機械的性質を表1に示します。高力ボルト接合は材間摩擦力を確保するために摩擦面の管理が重要です。良好な摩擦面の状態は浮き錆を除去した赤錆やショットブラストがけであり、設計ではすべり係数 $\mu = 0.45$ としています。なお遅れ破壊対策された強度 F14T クラスのトルシア型の超高力ボルト SHTB が大臣認定されています。

設計ボルト張力 N_0 を表1に示します。施工時は N_0 の張力を確保するために $1.1N_0$ の張力（標準ボルト張力 N_1）を与えます。許容せん断応力度 f_s は短期荷重時にボルトのせん断力がすべり耐力 μN_0 を超えない条件で定められています。許容引張応力度 f_t は短期荷重時に接合材が離間しない条件で設定されています。接合材の離間が開始する条件はボルトの引張軸力が導入張力 N_0 の90％のときとします。引張とせん断を同時に受ける場合、材間圧縮力がボルトの付加張力 T で減少し材間摩擦力が低下するため、許容せん断応力度 f_s の式の導入張力 N_0 からボルト付加張力を引いて許容せん断応力度 f_{st} を設定します。なお建築基準法施行令ではすべり係数を0.42程度として許容応力度が設定されています（表2）。短期許容応力度は長期の1.5倍です。

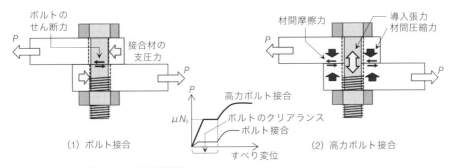

図1 ファスナー接合の力の伝達機構

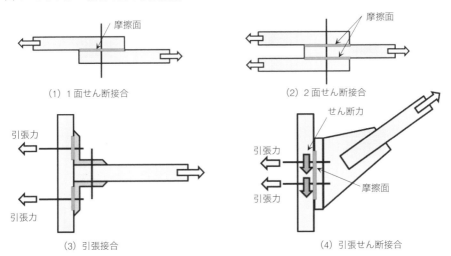

図2 高力ボルト接合の形式

表1 高力ボルトの機械的性質と長期許容応力度

等級	耐力 N/mm²	引張強さ N/mm²	N_0	f_s N/mm²	f_t N/mm²	f_t N/mm²
F8T [注1]	640 以上	800〜1000	$0.85FA_e$	$0.3\dfrac{N_0}{A}$	$0.6\dfrac{N_0}{A}$	$f_s\left(1-\dfrac{T}{N_0}\right)$
F10T [注2]	900 以上	1000〜1200	$0.75FA_e$			

F：基準値（耐力の最小値） A_e：ねじ部有効断面積 A：軸断面積
μ：すべり係数 0.45 T：荷重によるボルトの付加張力
短期許容応力度は長期の 1.5 倍
注1）溶融亜鉛めっきの高力ボルトは F8T のみ（大臣認定品）
注2）10T 級のトルシア型の表記は S10T（大臣認定品）

↑　　　　　↑　　　　　↑
$\dfrac{1}{1.5}\dfrac{\mu N_0}{A}$　　　$\dfrac{1}{1.5}\dfrac{0.9\,N_0}{A}$　　　$\dfrac{1}{1.5}\dfrac{\mu(N_0-T)}{A}$

表2 施行令

等級	f_s N/mm²	f_t N/mm²
F8T	120	250
F10T	150	310

4・13 接合方法 ②
ファスナー仕様

◉ **ファスナー接合の孔径、縁端距離、ピッチ、ゲージ**

　ファスナー用の孔径は表1に示すように建築基準法施行令、許容応力度設計規準に規定されています。架構の施工精度、部材加工の精度からファスナーのクリアランスは高力ボルトの場合、公称軸径 d ＜ 27mm で ± 1.0mm とされています。

　ファスナーの位置を表す各部の寸法（記号）と名称を図1に示します。部材軸方向のファスナーの基準線をゲージライン、ゲージライン間の距離をゲージ（g）、応力方向のファスナーの中心間距離をピッチ（p）と呼びます。ピッチは接合材である鋼板の支圧破壊防止や締め付け器具の大きさから建築基準法施行令第68条ではピッチを 2.5d 以上、許容応力度設計規準ではピッチの最小値を 2.5d と定めています。ゲージは必要な縁端距離を満たすように形鋼別に定められています。また応力方向のファスナーが8本以上となる場合には外側のファスナーの負担が大きくなります。そのため、ボルト径を大きくする、またはゲージラインの数を増やしゲージライン上のファスナーの本数を減らす対策が望まれます。

　応力方向に向かってファスナー中心から接合板端部までの距離を端あき（e_1）、応力方向と直交する方向に関してファスナー中心から接合板端部までの距離をへりあき（e_2）と呼び、これらを縁端距離と総称します。接合材を切断する際、切断縁に切欠き（ノッチ）が生じ、切欠き部は応力集中が発生する原因となります。また孔近傍に発生する応力は偏在し、縁端距離が短いと図2に示す縁端部の破壊が発生しやすくなります。切断方法によって切欠きの大きさが異なるため、告示と許容応力度設計規準、接合部設計指針、限界状態設計指針では表2（$d = 10$ の値が無い場合あり）の最小縁端距離が規定されています。

◉ **その他の留意事項**

　最大縁端距離と接合材の板厚に関する留意事項を表3と表4に示します。同一継手内でボルトと高力ボルトを併用した場合、ボルトの応力負担分を考慮せず、高力ボルトのみで全応力を負担するとして設計します（許容応力度設計規準）。

表1　ファスナーの孔径規定

種類	公称軸径 d			備考
	$d < 20$	$20 \leq d < 27$	$27 \leq d$	
ボルト	$d + 1.0$	$d + 1.5$		建築基準法施行令第 68 条
	$d + 0.5$			許容応力度設計規準
高力ボルト	$d + 2.0$		$d + 3.0$	建築基準法施行令第 68 条 許容応力度設計規準

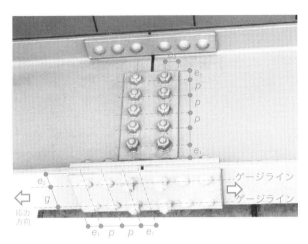

図1　ピッチ、ゲージ、縁端距離

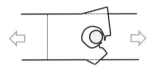

（1）端あき破壊

（2）へりあき破壊

図2　縁端部の破壊

表2　最小縁端距離（e_1、e_2）

ファスナーの 公称軸径 d （mm）	縁端の種類	
	せん断縁 手動ガス切断縁	圧延縁・自動ガス切断縁・ のこ引き縁・機械仕上げ縁
10	18	16
12	22	18
16	28	22
20	34	26
22	38	28
24	44	32
28	50	38
30	54	40

注）応力方向のファスナー本数が 2 本以下の場合は、上記の距離に関わらず
　　$e_1 \geq 2.5d$ とする。

表3　最大縁端距離

$12t$ 以上且つ 150mm 以下
（t は接合材の板厚）
↑
接合材の反り
ファスナーへの応力集中

出典：『許容応力度設計規準』

表4　接合材の総板厚

種類	締付け長さ L
ボルト	$5d \leq L$
高力ボルト	制限なし

出典：『許容応力度設計規準』

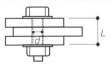

4
鉄骨造建築の骨組と接合部

109

4・14

接合方法 ③

溶接接合

◉溶接継目の種類、のど断面、強度

　鉄骨造で多用される溶接接合は融接と呼ばれる方法です。つまり、溶接棒の心材と母材の一部を溶融して生成された溶接金属で接合部を一体化させます。溶接継目の種類は完全溶込み溶接、隅肉溶接、その他があります。完全溶込み溶接は接合する板に開先と呼ばれる溝を設け、板厚全域に溶融金属を流し込み、直接、接合材同士を接合する溶接です。この場合、図1(1) に示すように力の流れは接合材間で溶接金属を介して連続的に伝達されます。隅肉溶接は一般に開先を設けず接合材の隅に溶接金属を配する方法です。この場合、図1(2) に示すように力の流れは接合材から溶接部を通り、迂回して接合材に伝わります。その際、溶接部の断面の応力状態はルート部を中心に約45°方向にせん断応力が生じる純せん断状態となります。

　溶接継目で応力伝達が可能な有効断面をのど断面と呼びます。のど断面の面積 A_w は有効のど厚 a と有効長さ l_e の積とします。溶接金属の強度が接合母材同等以上のため、溶接継目の強度として完全溶込み溶接は接合母材の強度とします。完全溶込み溶接以外の溶接は施行令では母材のせん断強度とします。なお接合部設計指針では応力を受ける方向で強度が異なることを考慮して、前面隅肉溶接の強度は側面隅肉溶接の1.4 倍としています（後述図3）。

◉溶接接合の設計に関する留意事項

　溶接接合ではのど断面に生じる応力度で断面算定を行います。その際、

(1) 異なる鋼材の溶接では接合母材の強度の小さい方の強度を設計で採用します。

(2) SS490、SS540 は炭素量が高く強度が大きいが溶接に不向きです。

(3) 許容応力度設計規準では材間交角 に対する隅肉溶接の有効のど厚が示され（表1）、交角 α が 60° 未満、120° を超える場合は完全溶込み溶接とします。同規準にて図2 に板厚に対する T 継手のサイズ、図3 に重ね継手のサイズと重ねしろが規定され、接合部設計指針の細則にも同様に示されています。

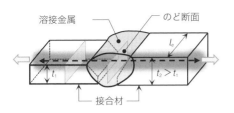

$a = \min(t_1, t_2) = t_1$

l_e ：接合材の幅

$al_e \cdot F_u$ ：軸方向最大耐力

$al_e \cdot F_u / \sqrt{3}$ ：せん断最大耐力

（1）完全溶込み溶接（突合せ溶接）

サイズ　　最小の脚長　　　最小の板厚

$s = \min(L_1, L_2) = L_1 \leqq \min(t_1, t_2) = t_1$

$a = s / \sqrt{2} \approx 0.7s$

$l_e = l - 2s$　　l ：溶接長さ

$\min l_e \geqq 10s$ and $\geqq 40\text{mm}$

図1　のど断面と力の伝達

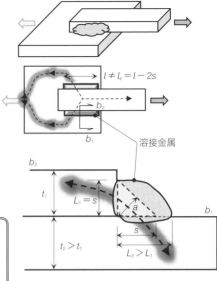

$l \neq l_e = l - 2s$

$(1 + 0.4\cos\theta) al_e \cdot F_u / \sqrt{3}$

軸方向・せん断最大耐力

（2）隅肉溶接

表1　材間交角 α と有効のど厚 a

α (deg)	a
60-90	0.70s
91-100	0.65s
101-106	0.60s
107-113	0.55s
114-120	0.50s

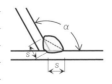

注）$60° \leqq \alpha \leqq 120°$ とする。
接合部設計指針では $a = s \cdot \cos(\alpha / 2)$
出典：『許容応力度設計規準』

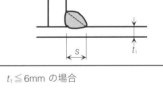

$t_1 \leqq 6\text{mm}$ の場合

　　$s = 1.5t_1$ and $s \leqq 6\text{mm}$

$t_1 > 6\text{mm}$ の場合

　　$s = 1.3\sqrt{t_1}$ and $4\text{mm} \leqq s \leqq 10\text{mm}$

図2　T継手のサイズと板厚

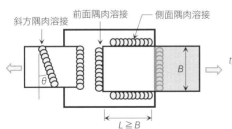

図3　重ね継手のサイズ s と重ねしろ L

$t_2 > t_1$ の場合

　　$s = t_1$ ：板厚の薄い方

　　2列以上の隅肉溶接

　　$L \geqq 5t_1$ and $L \geqq 30\text{mm}$

4・15 接合部 ①
設計法

◉**接合部設計の考え方**

　鉄骨構造の接合部には継手、仕口、ブレース取り付け部、柱脚があります。一般的な接合方法は継手では高力ボルト接合、仕口では溶接接合、ブレース取り付け部では高力ボルト接合と溶接接合、柱脚では鉄骨柱と RC 基礎との接合となります。設計法には表 1 と図 1（梁の曲げに対する例）に示す 1)存在応力設計、2)全強設計、3)保有耐力設計があります。許容応力度設計（接合部では存在応力設計）で決定した構造体が必要な終局耐力と塑性変形能力を有する靭性架構であるためには、座屈に対する設計同様、架構の耐力を低下させる破壊を防止する必要があります。具体的には、部材および架構全体で塑性ヒンジを形成し終局状態に達する前に接合部が破断しない接合（保有耐力接合）の設計が終局強度設計で必要となります。

◉**接合部耐力と崩壊機構形成に関する留意事項**

　許容応力度設計規準では、接合部の剛性・耐力を確保する上で、存在応力に対する断面検定と別に以下の接合部耐力を規定しています。

(1)　構造耐力上主要な部材の接合部で、ボルトおよび高力ボルトの場合はピン接合とする場合を除き最小 2 本以上配置し、溶接の場合は最小 30kN 以上の耐力を有する継目を設ける。（最小接合）

(2)　トラス部材の接合部は存在応力を十分伝え、かつ部材の許容力の 1/2 以上の耐力を確保する。

(3)　柱の継手のボルト、高力ボルトおよび溶接は、継手部の存在応力を十分伝え、かつ部材の各応力に対する許容力の 1/2 以上の耐力を確保する。

　塑性設計指針では接合部パネルと柱脚を塑性化させる設計方針を提示しています。接合部パネルの塑性化は接合部パネル近傍の柱、梁部材の塑性化を抑制し、特定層の損傷集中を回避する崩壊機構が得られます。柱脚部を塑性化させて高い塑性変形能力の崩壊機構とするには、露出柱脚でアンカーボルトの軸部降伏、根巻き柱脚で根巻きコンクリート部の主筋降伏を先行させる必要があります。

表1 接合部の設計

接合	設計応力	設計方針
存在応力接合	接合部に生じている応力	接合部に生じている応力度を接合部材料の許容応力度以下とする接合
全強接合	接合される部材の耐力	部材の応力が部材耐力に達するまで接合部の耐力を伝達できるようにする接合
保有耐力接合		部材の最大耐力時または架構の最大耐力時に接合部を破断させないようにする接合

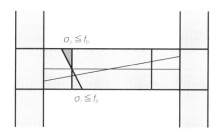

存在応力設計

荷重外力による接合部の応力度 σ_t、σ_c を許容応力度 f_b 以下とする。

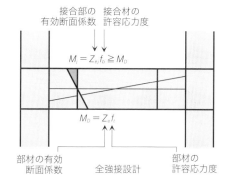

接合部の有効断面係数　接合材の許容応力度

$$M_j = Z_{ej} f_b \geqq M_D$$

$$M_D = Z_e f_t$$

部材の有効断面係数　全強接設計　部材の許容応力度

接合位置での部材応力が部材の許容耐力 M_D に達するまで、接合部の有効断面の許容耐力 M_j を超えない。

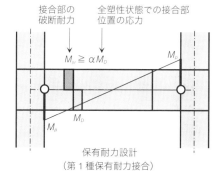

接合部の破断耐力　全塑性状態での接合部位置の応力

$$M_{ju} \geqq \alpha M_D$$

M_p　M_D　M_p

保有耐力設計
（第1種保有耐力接合）

曲げせん断を受ける部材の両端部が全塑性状態に至るまで接合部を破断させない。

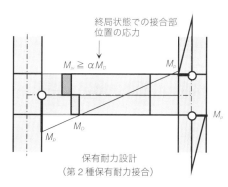

終局状態での接合部位置の応力

$$M_{ju} \geqq \alpha M_D$$

M_p　M_D　M_p　M_p

保有耐力設計
（第2種保有耐力接合）

架構が終局状態（ルート3で検討）に至るまで接合部を破断させない。

M_p：部材の全塑性モーメント　α：安全率

図1 各種接合部設計の考え方

4·16

接合部 ②

継手

◉継手の設計

継手とは部材を一直線上につなぎ合わせる接合部をさします。ラーメン架構では、各部材が終局耐力に至るまで接合部が破壊されないよう、継手を保有耐力接合とします。高力ボルト接合を用いる場合であれば、高力ボルト（径、本数、ピッチ、ゲージ）、添え板（板厚）、縁端距離が検討項目となります。右頁の図説では H 形断面梁継手で、曲げは主としてフランジ部、せん断はウェブ部で抵抗するとして解説します。構造技術基準解説書ではルート 2 で保有耐力接合とする場合、材端が全塑性状態 M_p の際、継手位置 l_j によって設計用応力 $_jM_D$、$_jQ_D$（図 1）、鋼種より安全率 α（表 1）が定まります。継手の最大耐力 $_jM_U$、$_jQ_U$ は図 2 に示す各破断形式により計算される破断応力 $_jM_D$、$_jQ_D$ の最小値とします。保有耐力接合であれば、$_jM_U \geqq \alpha\,_jM_D$、$_jQ_U \geqq \alpha\,_jQ_D$ を満足しています。接合部設計指針では全塑性化域内の継手に対して、表 1 の安全率に対応する接合部係数（表 2）を鋼種と破壊形式別に設定しています。

保有耐力接合の場合、部材の寸法や材質を決定すれば部材に生じる存在応力とは無関係に、必要な継手の仕様を決定することができます。標準継手はその一例です。

◉継手の設計に関する条件

接合部設計指針の高力ボルト接合による継手設計の留意事項を示します。

(1) 梁継手の降伏耐力を梁の全断面に対する降伏曲げ耐力と同等以上とする。

(2) 継手部の存在応力が小さい場合でも梁および柱の降伏曲げ耐力は部材断面の降伏曲げ耐力の 1/2 以上伝達できる継手とする。

(3) フランジ圧縮側の添板は最内縁ボルト間で座屈の可能性があるが、標準の縁端距離であれば座屈の検討は必要ない。ただし、過大な縁端距離の場合や薄い添板の場合は、最内縁ボルト間距離を座屈長さとして添板の座屈耐力を検討する。

(4) ウェブの曲げモーメントに対するウェブ添板に生じる曲げモーメントの比を 0.4 とする。

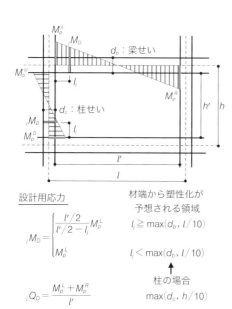

図1 継手位置と塑性化領域
（出典：『構造技術基準解説書』）

設計用応力

$$_iM_D = \begin{cases} \dfrac{l'/2}{l'/2 - l_i}M_p^L & l_i \geq \max(d_b, l/10) \\[2mm] M_p^L & l_i < \max(d_b, l/10) \end{cases}$$

材端から塑性化が
予想される領域

$$_iQ_D = \dfrac{M_p^L + M_p^R}{l'}$$

↑
柱の場合
$\max(d_c, h/10)$

表1 継手の安全率 α

継手位置	SN400N 級 炭素鋼	SN490N 級 炭素鋼
$l_i \geq \max(d_b, l/10)$	1.3	1.2
$l_i < \max(d_b, l/10)$	1.2	1.1

出典：『構造技術基準解説書』

表2 継手の接合部係数 α

鋼種	破壊形式	
	母材、添板の破断	高力ボルトの破断
SS400	1.25	1.30
SM490	1.20	1.25
SN400B,C	1.15	1.20
SN490B,C	1.10	1.15

出典：『接合部設計指針』

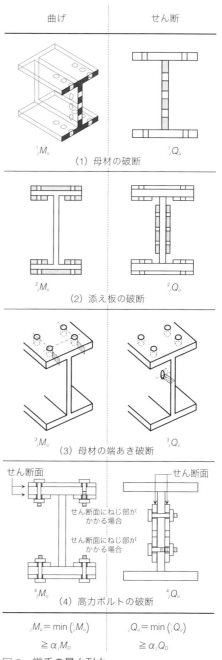

曲げ　　　せん断

（1）母材の破断

（2）添え板の破断

（3）母材の端あき破断

せん断面　　　　　　　　　せん断面

せん断面にねじ部が
かかる場合

せん断面にねじ部が
かかる場合

（4）高力ボルトの破断

$$_iM_u = \min(_i^jM_u)$$
$$\geq \alpha\,_iM_D$$

$$_iQ_u = \min(_i^jQ_u)$$
$$\geq \alpha\,_iQ_D$$

図2 継手の最大耐力

4・17

仕口

◉仕口の設計

　仕口とは角度をもって部材どうしをつなぎ合わせる部分をさします。多くの場合、ラーメン架構の仕口は H 形鋼の大梁と角形鋼管柱で構成されます(図1)。基本的にはこれらは全溶接し剛接合とします。こうした仕口には梁フランジからの水平応力を鋼管柱に伝達するためにダイアフラムを設けます。また梁フランジからダイアフラムへは曲げモーメントが伝達するため完全溶込み溶接（突合せ溶接）とします。一方、梁ウェブと柱は主としてせん断力を伝達するために隅肉溶接とします（図2）。柱梁仕口は架構の靭性を確保するために保有耐力接合とします。設計の方針は溶接部（接合部）の最大曲げ耐力 $_jM_u$ が梁の全塑性モーメント $_bM_p$（部材の最大耐力）を上回るように設計します（式(1)）。溶接部の最大曲げ耐力は完全溶込み溶接によるフランジ部と隅肉溶接によるウェブ部の最大合力 $_fP_u$、$_wP_u$ による最大曲げモーメントの和として式(2)で表されます。表1に構造技術基準解説書での安全率、表2に接合部設計指針の接合部係数を示します。

◉仕口の設計に関する条件

　標準の通しダイアフラムの場合、接合部設計指針では
(1)ダイアフラムの板厚は梁フランジ板厚との製作誤差を吸収するために、取り付く梁フランジの最大板厚より1、2ランク厚くする。(2)ダイアフラムの材質は梁フランジの強度と同等以上とする。(3)通しダイアフラムの出寸法 e は柱板厚 $_ct$ < 28mm の場合は25mm、$_ct \geq 28mm$ の場合は30mm が慣用されている。

　柱が H 形断面の場合、梁フランジからの集中力により、a)柱フランジの面外局部曲げ、b)柱ウェブの局部降伏、c)柱ウェブのクリッピング、d)柱ウェブの座屈による接合部破壊の可能性があります（図3）。接合部設計指針に各破壊形式の耐力算定式が示されています。これらの局部変形を防止するために図4に示す柱のウェブフィレットを水平スチフナで補強（全強設計）します。パネルゾーンは存在応力設計（短期）とし、平均せん断応力度 τ_p に対する許容せん断応力度は $2f_s$ です（図5）。

図1　大梁と柱の仕口 (提供：宮坂設計)

表1　仕口の安全率α

作用応力	SN400N級炭素鋼	SN490N級炭素鋼
曲げ	1.3	1.2

出典：『構造技術基準解説書』

表2　仕口の接合部係数α

鋼種	破壊形式	
	母材破断	高力ボルトの破断
SS400	1.40	1.45
SM490	1.35	1.40
SN400B,C	1.30	1.35
SN490B,C	1.25	1.30

出典：『接合部設計指針』

設計式（保有耐力接合）

$$_fM_u \geqq \alpha \cdot {_b}M_p \cdots\cdots 式(1)$$

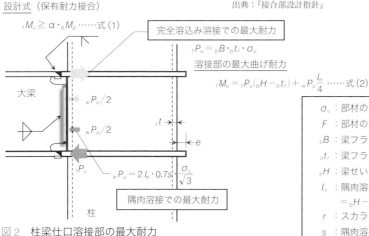

完全溶込み溶接での最大耐力

$$_fP_u = {_b}B \cdot {_b}t_f \cdot \sigma_u$$

溶接部の最大曲げ耐力

$$_fM_u = {_f}P_u({_b}H - {_b}t_f) + {_w}P_u\frac{l_e}{4} \cdots\cdots 式(2)$$

大梁

$_wP_u/2$

$_wP_u/2$

$_ct$

e

$_fP_u$

$$_wP_u = 2\,l_e \cdot 0.7s\frac{\sigma_u}{\sqrt{3}}$$

隅肉溶接での最大耐力

柱

図2　柱梁仕口溶接部の最大耐力

σ_u：部材の引張強度
F：部材の基準値
$_bB$：梁フランジ幅
$_bt_f$：梁フランジ厚
$_bH$：梁せい
l_e：隅肉溶接の有効長さ
　　$= {_b}H - 2({_b}t_f + r + s)$
r：スカラップサイズ
s：隅肉溶接サイズ

・設計式（全強設計）　　・水平スチフナの必要断面積

$$P_t \leqq P_1 + P_2 \qquad \Rightarrow \qquad A_{st} \geqq {_b}B \cdot {_b}t_f - 1.15A'$$

・ウェブフィレットの全強
$$P_1 = {_c}t_w[{_b}t_f + 2({_b}t_f + r)] \cdot F/1.3$$

・水平スチフナの全強
$$P_2 = A_{st} \cdot F/1.5$$

柱
a)
b)
c)
d)
梁

$_bB$
梁フランジの全強
r
$P_2/2$
P_1
$P_2/2$
$_ct_f$
$_ct_w$

$$P_t = \frac{_bB \cdot {_b}t_f \cdot F}{1.15}$$

水平スチフナ

図3　水平スチフナがない場合の局部破壊
(出典：『接合部設計指針』)

図4　水平スチフナによる補強

・設計式（存在応力設計）

$$\tau_p = \frac{Q_p}{A_p} = \frac{_bM_L + {_b}M_R}{({_c}t_w \cdot {_c}h){_b}h} \leqq 2f_s$$

長期許容せん断応力度

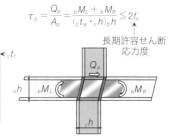

Q_p
$_bM_L$
$_bM_R$
$_bh$
$_ch$

図5　H形断面柱のパネルゾーンの設計

4・18 接合部 ④ ブレース（筋かい）接合部

◉ブレース（筋かい）接合部の設計

　筋かい材は架構の水平剛性や最大耐力を決定づける部材です。また筋かいが組み込まれたラーメン架構は、筋かいの降伏によって地震エネルギーを吸収します。そのため、筋かいの接合部は保有耐力接合として、その最大耐力 $_jN_u$（図 1）が母材（筋かい）の最大耐力と同等以上になるようにします。設計式は式(1)です。構造技術基準では安全率を 1.2 とし、接合部設計指針での接合部係数は 4・16 の表 2 と同じ値です。筋かい接合部の設計では筋かい材の断面積と縁端距離、高力ボルト（径、本数、ピッチ、ゲージ）、ガセットプレート（板厚、ピッチ、縁端距離）、溶接の有効長さとサイズが検討項目となります。

◉ブレース（筋かい）およびその接合部設計の留意事項

(1) 筋かいの水平力負担割合が 70%以上の場合、筋かい材の細長比によっては架構のエネルギー吸収能が低くなる可能性があります。ルート 2 で設計する場合、エネルギー吸収能力を補うために、応力の割り増し（表 1）が規定されています。

(2) 筋かい付き骨組の保有水平耐力は変形の適合を考慮して、柱および筋かいの水平せん断耐力の和とすることができます。

(3) 筋かい架構の耐力は基礎、地盤、杭による浮上り終局耐力に影響される場合があります。浮上り終局耐力は筋かい架構の境界梁や直交部材による筋かい架構の拘束効果を適切に考慮する必要があります。

(4) 筋かい材の座屈長さは材端拘束条件に大きく影響します。面内・面外座屈とも部材の図心交点間距離 l を基本とします（図 2）が、限界状態設計指針ではガセットプレート接合等の曲げ剛性が小さい場合は $0.75l$ の概略値を示しています。

(5) 筋かい材の有効細長比 λ が $1980/\sqrt{F}$（F：基準強度）超の場合は引張筋かい、以下の場合は圧縮筋かいと判断できます。ルート 3 で設計する場合、有効細長比で分類された筋かいの種別（表 2）と筋かい部分の水平耐力比 β_u に基づいて各階の D_s が定められています（表 3）。

破断形式

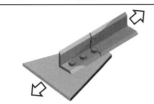

（1）筋かい軸部の破断　${}^{1}_{j}N_u$

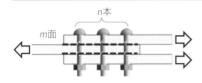

（2）接合ファスナーの破断　${}^{2}_{j}N_u$

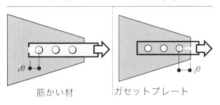

（3）端あき破断　${}^{3}_{j}N_u$

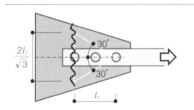

（4）ガセットプレートの破断　${}^{4}_{j}N_u$

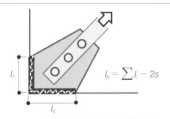

（5）隅肉溶接部の破断　${}^{5}_{j}N_u$

$${}_{j}N_u = \min({}_{j}^{i}N_u) \geqq 1.2 A_g \cdot F \quad \cdots \cdots 式（1）$$

A_g：筋かい材の全断面積
F：筋かい材の基準強度

図1　筋かい材接合部の最大耐力

表1　ルート2で筋かいを有する階の応力の割り増し

筋かいの負担率	応力の割増し
$\beta \leqq 5/7$	$1 + 0.7\beta$
$\beta > 5/7$	1.5

出典：『構造技術基準解説書』

図2　筋かい材の座屈長さ（ガセットプレート接合の例）（提供：宮坂設計）

表2　筋かいの有効細長比と種別

	有効細長比	種別
（一）	$\lambda \leqq 495/\sqrt{F}$	BA
（二）	$495/\sqrt{F} \leqq \lambda \leqq 890/\sqrt{F}$ or $1980/\sqrt{F} \leqq \lambda$	BB
（三）	$890/\sqrt{F} < \lambda < 1980/\sqrt{F}$	BC

出典：告示第596号

表3　階の D_s

		BA	BB			BC		
	β_u	0	a	b	c	a	b	c
D_s	FA	0.25	0.25	0.3	0.35	0.3	0.3	0.4
	FB	0.3	0.3	0.3	0.35	0.3	0.3	0.4
	FC	0.35	0.35	0.35	0.4	0.35	0.35	0.45
	FD	0.4	0.4	0.45	0.5	0.4	0.45	0.5

a：$\beta_u \leqq 0.3$、b：$0.3 < \beta_u \leqq 0.7$、c：$\beta_u > 0.7$
出典：告示第596号

4・19

接合部 ⑤

柱脚

◉柱脚の設計

　鉄骨造の柱脚は構造耐力上主要な部分の接合部であり、柱に生じる軸力、せん断力、曲げモーメントを鉄筋コンクリート構造の基礎や基礎梁へ伝達します。鉄骨造の柱脚の種類は一般に露出形式、根巻き形式、埋込み形式があります（図1）。

　各柱脚の破壊形式に対して弾性設計がなされ、アンカーボルト、ベースプレート、スタッドコネクタ等が決定されますが、いずれの柱脚も架構の終局耐力までの耐力と塑性変形能力を確保するために保有耐力接合とすべきです。設計式は式(1)に示す柱脚部の最大耐力 M_u を被接合材（柱材）の全塑性曲げモーメント M_{pc} 以上とする保有耐力設計です。安全率 α を表1に示します。保有耐力設計の方針は柱脚の形式により異なります（表2）。柱脚の最大曲げ耐力 M_u は露出形式の場合、基礎コンクリートの最大圧縮耐力 N_u とアンカーボルトの最大引張耐力 T_u を最大軸方向耐力とし、各 $N-M$ 相関関係を累加して定めているため、軸力 N に依存します。根巻き形式は根巻きコンクリート部と鉄骨柱脚の累加耐力で設計します。埋込み形式は基礎コンクリートと埋込まれている鉄骨柱との支圧耐力で設計されます。

◉柱脚の設計に関する条件

(1) 露出形式の弾性回転剛性はアンカーボルトの軸断面積・図心からの距離・長さから算定されます（接合部設計指針）。アンカーボルトの定着長さは $20d$ 以上（d：アンカーボルトの径）でコンクリートのコーン状破壊を生じさせない、アンカーボルトの断面積は柱最下端の断面積の 20%以上、ベースプレート厚は $1.3d$ 以上とします（平成12年建設省告示第1456号）。

(2) 根巻き形式で角形鋼管柱の場合、コンクリートの支圧で柱が局部変形の可能性があり、径管比が幅厚比区分 P-I ランク以外は柱を補剛します（構造関係技術基準、接合部設計指針）。

(3) 埋込み形式の埋込み深さ d は柱幅の2倍以上、埋込み部分の鉄骨に対するコンクリートのかぶり厚さは鉄骨柱幅以上とします（平成12年建設省告示第1456号）。

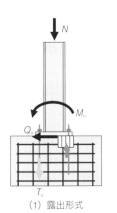

(1) 露出形式

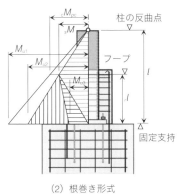

(2) 根巻き形式

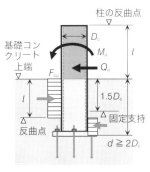

(3) 埋込み形式

図1　鉄骨柱脚

$$M_u \geqq \alpha_c M_{pc} \cdots\cdots 式(1)$$

表1　保有耐力設計式と安全率 α

安全率	SN400N 級炭素鋼	SN490N 級炭素鋼
α	1.3	1.2

出典：『構造技術基準解説書』

表2　保有耐力設計の方針

	露出形式	根巻き形式	埋込み形式
設計方針	曲げはコンクリートの支圧耐力とアンカーボルトの引張耐力で抵抗、せん断はコンクリートとベースプレートの摩擦耐力で抵抗。半固定とする。	曲げとせん断は根巻き鉄筋コンクリート部分と鉄骨柱脚の最大耐力を累加耐力で設計。固定支持とする。	曲げとせん断は基礎コンクリートと埋込み鉄骨との支圧で抵抗できるように設計。固定支持とする。
最大曲げ耐力	M_u：軸方向の最大耐力を基礎コンクリートの最大圧縮耐力 N_u、アンカーボルトの最大引張耐力 T_u とし、コンクリートとアンカーボルトの各 $N-M$ 相関関係の累加耐力とする。	$M_u = \min(M_{u1}, M_{u2})$ M_{u1}：${}_sM = {}_sM_{pc}$ のときのトップフープから ${}^*l$ 下のベースプレート下面の曲げモーメント M_{u2}：根巻きコンクリート部の曲げ耐力 $+ M_{u3}$ M_{u3}：柱軸力を考慮した露出柱脚の曲げ耐力	$M_u = F_{cu} \cdot B_c \cdot l \cdot k$ $\quad k = \{\sqrt{(2l+d)^2 + d^2} - (2l+d)\}$ F_{cu}：基礎コンクリートの最大支圧強度（$= F_c$） B_c：柱幅 側柱の場合は補強筋の効果を考慮
最大せん断耐力	$Q_u = \max(Q_{fu}, Q_{bu})$ Q_{fu}：ベースプレートとコンクリート間の摩擦によるせん断耐力 Q_{bu}：アンカーボルトのせん断耐力	$Q_u = Q_y + M_{u3}/{}^*l \leqq M_u/{}^*l$ Q_y：根巻き鉄筋コンクリート部の降伏せん断耐力	$Q_u = M_u/l$ l：基礎コンクリート上端から柱の反曲点までの距離
備考	柱脚の固定度を評価する。 軸部降伏先行のアンカーボルトを使用する。 ベースプレートを面外曲げ降伏させない。	コンクリートの根巻き高さは柱幅の2.5倍以上 根巻き部の立上り主筋は4本以上で頂部をかぎ状に折り曲げる。	側柱では柱の曲げの向きによって耐力と剛性が異なる。

出典：『接合部設計指針』

4・20 二次部材の設計

◉二次部材の種類

　地震力以外の荷重・外力を柱や大梁に伝える部材を二次部材と呼びます。二次部材には屋根・床スラブ、母屋、胴縁、間柱、小梁があります。母屋は屋根荷重を受けるための部材です（図 1）。胴縁は壁材を取り付け、壁面の固定荷重と風圧力に抵抗する部材です（図 2）。間柱は胴縁が受けた力を支持する部材です（図 2）。小梁はスラブや母屋から伝わる長期荷重を支える部材です（図 1 および 3）。母屋や胴縁は軽量形鋼のリップ溝形鋼、間柱は H 形鋼、溝形鋼、角形鋼管が用いられます。小梁は大梁同様に H 形鋼です。（部材断面は 3・2、3・3 を参照）

◉二次部材の設計

　基本的に二次部材の材端では曲げモーメントを伝達させません。そのため、小梁であればフランジを接合しません（図 3）。これらの接合条件では二次部材は単純梁や連続梁としてモデル化されます。その他の留意事項として、

(1) 母屋にリップ溝形鋼を用いる場合、鉛直荷重に対する曲げの検討は強軸方向 x 軸と弱軸方向 y 軸の両方（二軸曲げに対する検討）が必要です。同様にせん断の検討でも、それぞれ方向の抵抗断面（フランジ部、ウェブ部）での検討が必要です（図 4）。

(2) H 形鋼等の開断面を間柱材に用いる場合は強軸方向に風荷重を受けます（図 5）。正圧時は胴縁が横座屈止めになるので、座屈を考えずに断面算定できます。しかし負圧時には、横座屈を考慮した許容応力度での検討が必要です。なお胴縁については、風荷重と固定荷重が別の方向から作用し、母屋同様に二軸曲げとして設計することに留意する必要があります。

(3) 小梁の設計用荷重は一般に固定荷重、積載荷重、積雪荷重の長期荷重です。小梁が単純梁としてモデル化される場合、床（屋根）をデッキプレートスラブとすると、スラブが小梁圧縮フランジの横座屈変形を拘束するため（図 6）、断面算定時の許容曲げ応力度は許容引張応力度に等しくなります。

図1　母屋と小梁 (撮影：西村督)

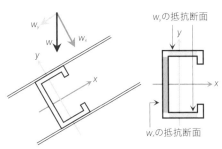

図4　鉛直荷重に対する主軸とせん断抵抗断面

図2　胴縁と間柱 (撮影：西村督)

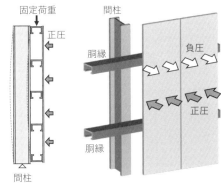

図5　風圧力の向きと胴縁の間柱に対する横補剛

端部がボルト接合の場合は、曲げモーメントは生じないとして単純支持と考える。

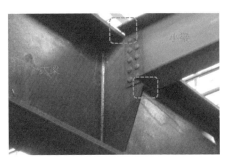

図3　小梁と大梁の仕口 (撮影：西村督)

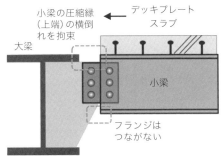

図6　小梁の横補剛

123

4・21 鉄骨造建築物の自然災害

◉地震による被害

鋼材は剛性・強度が高く靭性に富む構造部材であり、軽量化が図れるという利点があります。しかし、RC造との混構造にする場合には地震時応答に注意が必要です。実際、RC構造の下部架構に鉄骨造屋根を載せた置屋根体育館などが地震で揺れた際、RC部分に対する屋根の相対変位が許容値を超過してしまい、屋根トラスが座屈したり支承部が破壊するといった被害が生じています（図1）。

二次設計にて保有水平耐力計算が実施された体育館は極稀に発生する地震に対して倒壊しない耐力を有していると考えられます。しかし、自然災害後に避難所となる建築物は機能維持が求められるため、図1の被害が発生させない性能設計や次節の既存建築物の改修が必要です。

◉強風・積雪による被害

屋根が軽量で受圧面積が大きい体育館、倉庫、工場等では、強風によって鉄骨造建物に被害が生じています。もっともそうした風被害は外壁の脱落や屋根葺材の飛散が目立ちます。ちなみに建築基準法で算定される風荷重は50年再現期待値相当で、年非超過確率は98％、50年間の非超過確率は約36％です（荷重指針）。荷重指針では風荷重の基本風速を10分間平均風速の再現期間100年に対する値としています。

積雪による鉄骨造建物の被害は（積雪荷重／固定荷重）の比が大きくなる屋内運動施設等で報告されています。鉄骨建物はRC建物と比較して固定荷重が小さいため、同一積雪荷重に対する余力は小さくなる傾向にあります。図2は再現期間が100年を超える積雪で屋根が崩落した体育館です。柱脚が破壊し、大梁の塑性ヒンジで崩壊機構が形成されています。建築基準法施行令第86条の垂直積雪量は50年再現期待値、限界耐力計算での積雪量は1.4倍の500年再現期待値に相当します。荷重指針では基本地上積雪深は年最大積雪深の再現期間100年に対する値としています（4・5表1参照）。大スパン鉄骨造では設計荷重レベルだけでなく、これを超えた場合を想定した設計が望まれます。

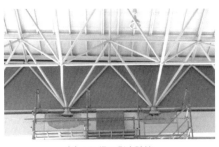
(1) RC 梁の側方破壊

(2) 屋根トラスの座屈

(3) 屋根支承部のアンカーボルト破断

(4) 屋根トラスの座屈

図1　地震による体育館の屋根支承部近傍の損傷 (提供：太陽工業)

(1) 屋根の崩落と桁行架構の傾斜

(2) 屋根の崩落と妻面・桁行架構の傾斜

(3) 張間架構の倒壊と妻側の残存架構

(4) 崩落した屋根面

図2　積雪で屋根が崩落した体育館 (提供：東京大学 川口健一研究室)

4・22 既存鉄骨造体育館の耐震改修

◉**耐震性能診断**

　自然災害時に公立小中学校の校舎や体育館は避難施設として使用されるため、高い耐震性能が要求されます。1995年に建築物耐震改修促進法が施行され、現在までに公立学校の既存鉄骨造体育館の大半は耐震改修が完了しました。耐震改修では「屋内運動場等の耐震性能診断基準」（文部科学省　以降、屋体基準）や「耐震改修促進法のための既存鉄骨造建築物の耐震診断および耐震改修指針・同解説」（日本建築防災協会　以降、改修指針）が用いられます。屋体基準では既存建築物が式(1)に示す耐震性能を保有しているかを確認します（図1）。なお $I_s = 0.8$ 程度の屋内運動場に中破程度の被害例もあり、式(1)の耐震性評価に「局所的な地形等による地震入力の増幅や脆性的な破壊モードが予想される場合などは、適切な耐震性能の増強を図る」という記述が2010年に追加されました。また建物の用途や重要度を考慮して、指標 I_s、q の目標値を1.25倍ないし1.5倍する場合もあります。

◉**耐震補強**

　式(1)を満足しない建物は耐震改修を施します。耐震改修の一般的方法が耐震補強です。鉄骨造体育館の耐震補強方針の基本（図2）は張間方向でゾーン型補強が可能か、不可であれば屋根面架構の地震力伝達を保証し全体架構型補強とします。桁行方向は屋根面架構の地震力伝達を保証し両側桁面架構にて全体架構型補強とします。なお妻面架構の面外応答に対する耐震性能を確認する必要があります。

　補強法には架構の水平耐力 Q_{ui} を増強する強度補強、靭性 F_i を向上させる靭性補強があります（図3）。体育館は張間方向が大スパン架構となり、崩壊機構を形成しやすい柱梁接合部に対してゾーン型の靭性補強や全体架構型補強が適しています。桁行方向は全体架構型のブレースによる強度補強が適しています。強度補強工法として耐震壁の増設、開口閉塞、耐震壁の増し打ち、枠付き・外付けブレースの増設（図4）が挙げられます。靭性補強工法として耐震スリットの新設、RC柱の鋼板巻き、炭素繊維巻きによるせん断耐力の向上があります。

$$I_{si} \geqq 0.7 \text{ かつ } q_i \geqq 1.0 \quad \cdots\cdots \text{式}(1)^{注}$$

$$I_{si} = E_{0i}/(F_{esi} \cdot Z \cdot R_t)$$

$$E_{0i} = Q_{ui} \cdot F_i/(W_i \cdot A_i)$$

$$q_i = Q_{ui}/(F_{esi} \cdot W_i \cdot Z \cdot R_t \cdot S_t)$$

I_{si} ： i 層の構造耐震指標

E_{0i} ： i 層の耐震性能を表す指標

$F_{esi} = F_{ie} \cdot F_{si}$ ：剛性率及び偏心率で定まる係数

Z ：地域係数

R_t ：振動特性係数

Q_{ui} ： i 層の保有水平耐力

F_i ： i 層の靭性指標

W_i ： i 層を支える重量

A_i ：層せん断力係数の高さ方向の分布

q_i ： i 層の保有水平耐力に係わる指標

S_t ：建築物の構造方法に応じて定まる数値で 0.25 とする。

注）改修指針で式 (1) に対応する判定は
$I_{si} \geqq 0.6 \text{ かつ } q_i \geqq 1.0$

図 1　耐震性能の判定（出典：『屋体基準』）

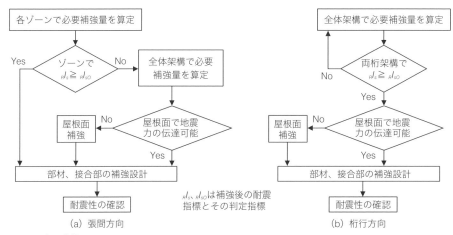

$_Rl_s$、$_Rl_{sO}$ は補強後の耐震指標とその判定指標

（a）張間方向　　　　　　　　　　（b）桁行方向

図 2　耐震改修フロー（出典：『実務者のための既存鉄骨体育館等の耐震改修の手引きと事例』）

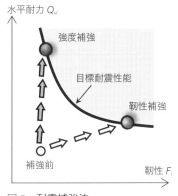

図 3　耐震補強法

図 4　鉄骨枠付きブレース補強（提供：宮坂設計）

現代美術における鉄

　建築と同じく造形芸術である彫刻は、現代において鉄も素材に使うようになりました。特に建築の領域に近いのは、公共空間で常設展示されるリチャード・セラでしょう。彼は、学生時代に製鋼所や工事現場で働いた経験をもとに、傾いた巨大な鉄板を組み合わせながら、空間を体験できる作品を展開しています。その抽象的かつミニマルな表現は、建築家にも影響を与えました。日本では、もの派のアーティスト、李禹煥、榎倉康二、吉田克郎らが、鉄の物質感に注目しています。例えば、李は鉄と石を組み合わせ、素材の対比を作品のテーマとしました。また吉田の「Cut-off No. 2」(1969 年)は、角材の上に厚さの異なる鉄板を 4 枚置き、それらの自重によって違う形状にたわませるインスタレーションを発表しました。

　一方でヤノベケンジは、鉄を用いて、大阪万博の太陽の塔などをモチーフとしたロボット型の具象的な彫刻を制作します。青木野枝は、屋内外で鉄のインスタレーションを手がけますが、空中において小さなリングが集積するなど、鉄とは思えない軽やかな作品が特徴です。彼女は建築家とのコラボレーションもしており、青木淳の集合住宅「Masion AoAo」(図 1)では、窓まわりに青木野枝による大小のリングが浮遊しています。

図 1　Masion AoAo(設計：青木淳、竣工：2010 年)の外壁

5

鉄骨造建築の
各部構法

5・1

鉄骨各部 ①
柱脚

◉柱脚の形式

　鉄骨造の柱脚は 3 つに分類され、埋込み形式か露出形式がよく用いられます（図 1）。ベースプレートは下面の柱底均しモルタルでレベル調整します。あと詰め中心塗り工法がよく用いられ、流動性の高い無収縮モルタルなどを用いて充填して基礎と柱を密着します（図 2）。

　埋込み形式は、ベースプレートを含む柱脚が基礎の中に埋め込まれているので、大きな抵抗力が得られますが長い工期が必要です。柱脚をコンクリートに埋め込む深さは、柱幅の 2 倍以上であること、埋込み部分の鉄骨に対するかぶり厚さが柱幅以上であることが必要です。鉄骨柱と鉄筋の干渉、隣地境界線との距離などを考慮します。根巻き形式は、ベースプレートから上の部分の柱脚を鉄筋コンクリートで巻き基礎と一体化する方法で、平面計画で干渉するものがない場合に使われます。根巻き部分の高さは、柱幅（見付け幅のうち大きい方）の 2.5 倍以上です。露出形式は、ベースプレートが基礎の上に露出しているものです。アンカーボルトの径に対し、異形鉄筋の定着長さはその 20 倍以上、ベースプレートの厚さは 1.3 倍以上などの基準があります。

◉露出固定柱脚の定着

　阪神・淡路大震災では鉄骨造の柱脚の被害が多発しました。当時の設計慣行では露出柱脚をピンとして構造設計していましたが、実際は柱脚にもモーメントが伝わるため、地震力により建物が転倒した例がありました。その後、2000 年の建築基準法の改正で柱脚の性能基準が厳格になり、基礎に緊結する方法が示されました（平成 12 年建設省告示第 1456 号）。なお、阪神・淡路大震災以前から露出固定柱脚と呼ばれる形式（弾性固定とも呼ばれる）が、いわゆる 38 条認定によって実用化されていました（図 3）。露出形式の柱脚に多くの被害が生じたにもかかわらず、こうした形式には被害が生じませんでした。そのため、阪神・淡路大震災は露出固定柱脚が普及する契機にもなりました。

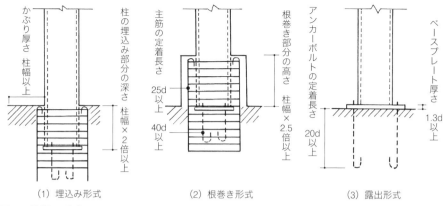

図1　柱脚の形式（出典：『建築工事監理指針令和元年版』）

（1）埋込み形式

かぶり厚さ　柱幅以上

柱の埋込み部分の深さ　柱幅×2倍以上

（2）根巻き形式

主筋の定着長さ

25d以上

40d以上

根巻き部分の高さ　柱幅×2.5倍以上

（3）露出形式

アンカーボルトの定着長さ

20d以上

ベースプレート厚さ

1.3d以上

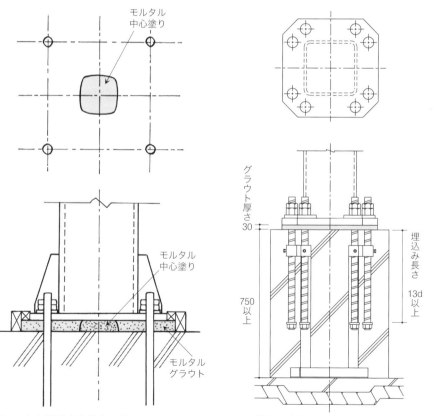

モルタル中心塗り

モルタル中心塗り

モルタルグラウト

図2　あと詰め中心塗り工法（出典：『建築工事監理指針令和元年版』）

グラウト厚さ30

750以上

埋込み長さ13d以上

図3　露出固定柱脚の例（出典：『ベースパック総合カタログ』）

5・2

鉄骨各部 ②
柱梁仕口

◉ダイアフラム

　柱が角形鋼管の場合、ダイアフラムを介して柱と梁を接合します。ダイアフラムには、通しダイアフラム、内ダイアフラム、外ダイアフラムの3種類があります（表1）。一般的に用いられるのが、通しダイアフラムです。角形鋼管を梁せいに合わせて切断し、上下にダイアフラムを完全溶け込み溶接で取り付けます。ダイアフラムの端部は柱の表面から突き出します。そのダイアフラムの出寸法は、柱の板厚によって決まり、板厚が28mm未満の場合は25mm、28mm以上の場合は30mmとします。板厚が混在する場合は30mmで統一します（図1(1)）。

　内ダイアフラムは、柱の内部に溶接されるダイアフラムで、見た目はすっきりしますが角形鋼管内部に設置するので溶接に高い技能が必要となります。内ダイアフラムが単独で用いられることは少なく、図1(2)のように梁せいの差が150mm以上300mm未満の場合に用いられます。ただし、梁せいの差が300mm以上の場合には、梁のフランジごとに通しダイアフラムを用います。また150mm未満の場合は梁にハンチを付けて対応します（図1(3)）。ダイアフラムの厚さは、目違いを防ぐため、梁のフランジ厚より通しダイアフラムで2サイズ、内ダイアフラムで1サイズ厚い鋼材を用います。斜めのフランジを受けるダイアフラムの場合、2サイズよりも厚くするのが望ましいことは言うまでもありません。

　外ダイアフラムは、柱を切断せずに設置できる簡便な方法です。ただし、汎用的な設計方法が確立していないので適用範囲が限定されます。

◉突合せ継手の食い違い

　平成12年建設省告示第1464号には、ダイアフラムとフランジの突合せ継手の食い違いの許容値が示されていますが、この範囲に収まらないことが少なくありません。その対応方法は、建築研究所監修の「突合せ継手の食い違い仕口のずれの検査・補強マニュアル」（鉄骨製作管理技術者登録機構発行）に示されています（図2）。

表1　ダイアフラムの種類と特徴

種類	特徴	課題
通しダイアフラム	一般的であり、特に困難な溶接は生じない。	角形鋼管の切断が必要。柱面からの突出が生じる。
内ダイアフラム	角形鋼管の切断が不要。柱面からの突出がない。	角形鋼管の内側での溶接が必要。ダイアフラムとフランジの食い違いの程度を目視できない。
外ダイアフラム	角形鋼管の切断が不要。特に困難な溶接は生じない。	柱面から突出するダイアフラムが大きくなる。適用できる柱断面に制約がある。

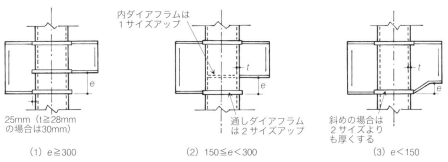

(1)　$e \geqq 300$ 25mm（$t \geqq 28$mmの場合は30mm）

(2)　$150 \leqq e < 300$ 通しダイアフラムは2サイズアップ　内ダイアフラムは1サイズアップ

(3)　$e < 150$ 斜めの場合は2サイズよりも厚くする

図1　梁の段差による仕口形状 （次に基づき作成：『建築鉄骨標準ディテール』）

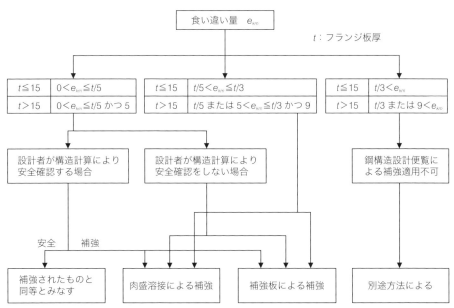

図2　通しダイアフラムと梁フランジ継手の食い違いの場合の補強方法 （出典：『鋼構造設計便覧』）

5・3
鉄骨各部 ③
ブレース（筋かい）接合部

◉山形ラーメン構造

　鉄骨造は大空間を作りやすい構造です。柱と合掌梁で五角形のフレームを構成する山形ラーメンは、体育館や工場などの用途で幅広く使われており、鉄骨造との相性がよい構造形式です。こうした建物では張間方向のフレームにH形鋼が用いられ、つなぎ梁によって桁行方向が結ばれていきます（図1）。桁行方向の架構では、H形鋼の弱軸方向にブレースを接合します。また、屋根面にもブレースを配し、水平剛性をもたせます。

◉H形鋼とブレース（筋かい）の接合部

　鉄骨造の接合部では、標準的な納まりを適用できない場合が少なからずあり、設計者には状況に応じた対応が求められます。その典型はブレースの傾きが鉛直に近い場合です。例えば図2(1)の納まりは、ガセットプレート上端部でスチフナに接続されていない部分があり、ブレースからの引張応力が伝達できません。また、ガセットプレートの幅が第1ボルトから30°の幅を大きく下回っており、不足しています。そこで、図2(2)のように梁端の下フランジを切り欠き、梁とブレースのガセットプレートを共有します。あるいは、図2(3)のようにブレースを偏心させ、ガセットプレートをスチフナ内に収めます。ただしこの方法では、偏心によって付加される応力を考慮し、ガセットプレートの断面が不足しないようにします。

　図3(1)はブレースの傾きが水平に近い場合です。梁の下フランジを切り欠くため、ガセットプレートを梁とブレースで共有する定石が適用できません。梁の断面欠損を考慮した応力の検討と、ウェブの局部座屈への対策が必要です。そこで、図3(2)のようにブレースのゲージラインを下方にずらしガセットプレートの幅を不足させないようにしつつ、梁の下フランジの切り欠きを小さくして偏心を考慮して設計します。あるいは、図3(3)のように仕口をダイアフラム形式にして、ガセットプレートを梁下に溶接します。

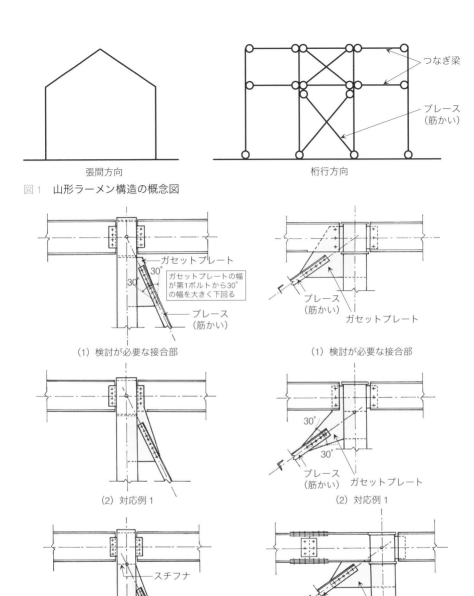

図1　山形ラーメン構造の概念図

（1）検討が必要な接合部

（1）検討が必要な接合部

（2）対応例1

（2）対応例1

（3）対応例2

（3）対応例2

図2　ブレース（筋かい）の傾きが鉛直に近い場合（出典：『建築研究所資料No.143号』）

図3　ブレース（筋かい）の傾きが水平に近い場合（出典：『建築研究所資料No.143号』）

5・4

鉄骨各部 ④

ダンパー

◉ダンパーの種類

　制振構造において建物にかかる地震エネルギーを吸収するダンパー（減衰装置）は大きく分けて5種類あります（表1）。大別すると、主要部材の変形や擦り合いによって運動エネルギーを消費する変位依存型と、速度に比例する力を発生させる機構を持つ速度依存型に分かれます。変位依存型には、鋼材が地震の揺れによって変形することで地震のエネルギーを振動エネルギーから熱エネルギーに変える鋼材ダンパー（図1）と、摺動板と摩擦板との摩擦抵抗力によって振動エネルギーを吸収する摩擦ダンパー（図2）とがあります。安価ですが実用上は大きな振動にしか機能しません。速度依存型には、低粘度オイル入りのシリンダーを減衰装置としたオイルダンパー（図3）と、高粘度オイル入りシリンダーの粘性ダンパー（図4）とがあります。小さな振動も減衰できますが、高価で、温度によってダンパーの性能が変化するので定期的な点検が必要です。鋼材を用いたエネルギー吸収型ダンパーとオイルダンパーのような粘性型ダンパーの性質を併せ持つ粘弾性ダンパー（図5）もあります。高減衰ゴムと鋼板の積層パネルが代表的であり、免震支承の高減衰ゴムを用いた積層ゴムをダンパーに展開したものです。

◉ダンパーの用い方

　鋼材ダンパーは、低降伏鋼を用いた座屈拘束ブレースが最もよく用いられます。ブレースの形状なので施工上はなじみがあり、水平耐力要素（耐震ブレース）を兼用できます。摩擦ダンパーは、普通鋼でダンパーを構成したもので、摩擦板には有機系材料や表面加工した金属板が用いられます。図2のようにウォールタイプのものも増えてきています。オイルダンパーと粘性ダンパーは、両者ともオイルを活用したものですが、オイルの粘性が異なります。前者はピストンに設けた穴（流路）の面積で減衰の大きさを制御しますが、後者はオイルの粘度そのもので減衰の大きさを制御します。複雑な機構をもつので高価です。両者とも指定建築材料以外を用いるので耐震ブレースにはなりません。

<table>
<tr><th colspan="3">表1　エネルギー消散型ダンパーの比較</th></tr>
<tr><th>種類</th><th>減衰を担う主要部材</th><th>留意点</th></tr>
<tr><td>鋼材ダンパー</td><td>低降伏鋼</td><td rowspan="2">微小な揺れに効果なし</td></tr>
<tr><td>摩擦ダンパー</td><td>ステンレス製摺動板＋摩擦板</td></tr>
<tr><td>オイルダンパー</td><td>低粘度オイル入りシリンダー</td><td rowspan="2">定期点検が必要。周囲温度によって性能が変化する</td></tr>
<tr><td>粘性ダンパー</td><td>高粘度オイル入りシリンダー</td></tr>
<tr><td>粘弾性ダンパー</td><td>高減衰ゴムと鋼板の積層パネル等</td><td>計算モデルが様々</td></tr>
</table>

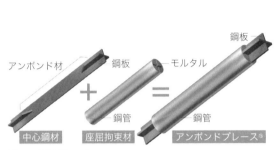

図1　鋼材ダンパー （出典：『アンボンドブレース』）

図2　摩擦ダンパー （出典：『壁型摩擦ダンパー』）

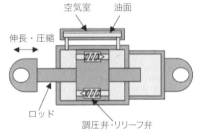

図3　オイルダンパー （出典：『オイルダンパー機構図』）

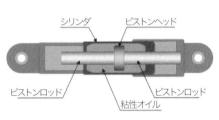

図4　粘性ダンパー （出典：『粘性型ダンパー』）

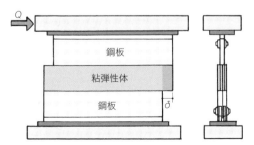

図5　粘弾性ダンパー （出典：『粘弾性カラムダンパー』）

5

鉄骨造建築の各部構法

137

5・5

鉄骨各部 ⑤
外壁周り

◉外壁との取合いをもつ梁

　多くの場合、外壁周りの片持ち小梁と受け小梁は、梁せい寸法が異なります（図1）。これらの納め方には、片持ち小梁を受け小梁と同断面とするタイプ（図1(1)）、片持ち小梁にハンチを設けて下フランジ位置を受け小梁に合わせるタイプ（図1(2)）、受け小梁の片持ち梁の下フランジ位置に補強プレートを設置するタイプ（図1(3)）の3つがあります。

　外壁材を支持する梁には風荷重が弱軸方向に作用します。さらに外壁材のファスナーがもち出しになっていると、梁には捩りモーメントも作用します（図2(1)）。こうした梁には捩れ止め小梁を設けることになりますが、梁端部がピン接合の場合にはこれらを剛接合に変えることも有効な方法です。このような対策でも大きな捩れ変形が生じる場合には、さらにH形鋼にカバープレートを設けて日の字断面にするといった対策もあります（図2(2)）。その際、H形断面は閉断面になるため、溶接・塗装・めっき施工の可否に留意する必要があります。

◉外壁材のための2次部材

　ALC板、PCa版、押出成形セメント板などの強度のある厚板であれば不要なのですが、金属断熱サンドイッチパネルや細長いサイディングパネルなどの外壁材は曲げ強度が不足することがあるので、胴縁などの二次部材を設けます。二次部材が1本の場合は、柱梁で囲まれる部分の面積の半分の風圧力の合計を負担するものとして強度とたわみの確認を行います（表1）。

　弁当箱状の金属パネル、窯業系の複合板など、外壁パネルの四辺に支持材が必要な場合は、縦横の胴縁材がパネルを介して風荷重を受け、柱・梁に伝達します。胴縁を縦横に組む場合、通常は縦材が力を伝達し、横材は座屈止めの役割を果たします。まずは外壁パネルの強度とたわみを計算してから胴縁組を確認します。

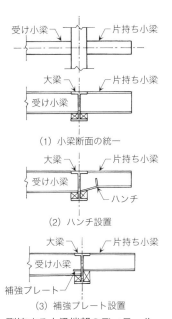

（1）小梁断面の統一

（2）ハンチ設置

（3）補強プレート設置

図1　剛接する小梁端部のディテール
（出典：『BRI 143 号』）

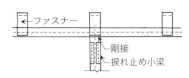

（1）振れ止め小梁の設置

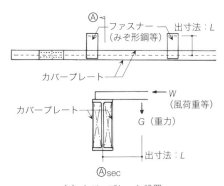

（2）カバープレート設置

図2　梁の振れ防止ディテール
（出典：『BRI 143 号』）

表1　外壁パネル下地構法モデル

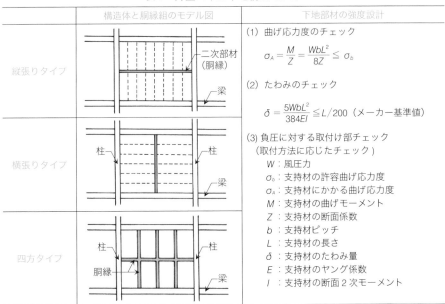

	構造体と胴縁組のモデル図	下地部材の強度設計
縦張りタイプ	二次部材（胴縁）　梁	(1) 曲げ応力度のチェック $$\sigma_A = \frac{M}{Z} = \frac{WbL^2}{8Z} \leqq \sigma_b$$ (2) たわみのチェック $$\delta = \frac{5WbL^2}{384EI} \leqq L/200（メーカー基準値）$$ (3) 負圧に対する取付け部チェック （取付方法に応じたチェック） W：風圧力 σ_b：支持材の許容曲げ応力度 σ_A：支持材にかかる曲げ応力度 M：支持材の曲げモーメント Z：支持材の断面係数 b：支持材ピッチ L：支持材の長さ δ：支持材のたわみ量 E：支持材のヤング係数 I：支持材の断面2次モーメント
横張りタイプ	柱　柱　梁	
四方タイプ	柱　柱　胴縁　梁	

次に基づき作成：『S造設計［構法・ディテール］選定マニュアル』

5・6

耐火被覆

◉耐火被覆の主な種類

　耐火被覆は、2000年建築基準法改正（性能規定化）によって大きく変化しました。それ以前は通則認定（業界団体の標準仕様の認定）が行われ、メーカー各社はその仕様を満たした製品を製造していました。しかしこの改正以降は、企業ごとの個別認定に切り替えられました。

　ロックウールを耐火被覆に用いる場合、吹き付ける方法と巻き付ける方法があり、これらが8割程度の市場シェアを占めています。一方、繊維補強セメント板であるけい酸カルシウム板を用いた耐火被覆は1割程度のシェアとなります。残りが耐火塗料で1割弱のシェアとなっています（表1）。吹付けロックウール（図1）は、ロックウール粒状綿を主原料とし、セメントを硬化材として、専用の吹付け機を用いて鉄骨などの下地に吹付けます。天井裏などの仕上材で隠れる部分に多く用いられています。巻付け耐火被覆工法（図2）は、耐熱ロックウールを専用の固定ピンで鉄骨に溶接留めします。吹付けロックウールと比較すると粉塵がほとんど発生せずクリーンな施工環境が維持できます。

◉鉄骨造の表現と耐火被覆

　今日の鉄骨造では、耐火塗料を用いて鋼材のテクスチャーを現しにしたり、面材系の耐火被覆を施してスリムな部材を表現したりする流れがあります（図4）。耐火塗料は最も薄い耐火被覆で鋼材に直接塗布するため意匠性がよく、スペースも確保できます。さらに鉄骨ファブや現場ヤードでプレコートされるため施工時間が短縮されるなどの利点もあります。けい酸カルシウム板（図3）は、けい酸質原料を主原料とし圧縮成形したボードで、鉄骨の梁や柱が天井や壁から露出する部分の被覆に用いられます。柱や梁の形状に応じて切断されたけい酸カルシウム板を、柱梁にスペーサーを介して取付けます。けい酸カルシウム板はそのまま仕上げとすることができますし、塗装やクロスの下地材とすることもできます。乾式工法であるので他業種との並行作業が可能です。

表1　耐火被覆の比較

種類	ロックウール		けい酸 カルシウム板	耐火塗料
	吹付け	巻付け		
シェア	6割ほど	2割ほど	1割ほど	1割ほど
代表的メーカー	7社	4社	3社	5社

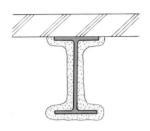

図1　吹付けロックウール
（次に基づき作成：『建築工事監理指針
下巻』）

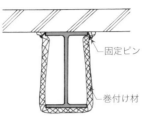

固定ピン

巻付け材

図2　巻付け耐火被覆
（出典：『建築工事監理指針 下巻』）

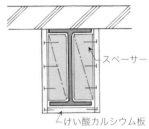

スペーサー

けい酸カルシウム板

図3　けい酸カルシウム板
（出典：『けい酸カルシウム板』）

図4　けい酸カルシウム板を用いた耐火被覆（プラダブティック青山店）（撮影：五十嵐太郎）

5・7

鉄骨各部 ⑦

防錆処理

◉**代表的な防錆塗料**

　現在の代表的な錆止め塗料は表1の通りです。鉛・クロムフリー錆止めペイント1種は、屋外、屋内の両方で使用できます。一方、水系錆止めペイント、鉛・クロムフリー錆止めペイント2種は屋内のみ利用可能です。『公共工事標準仕様書』では前者を錆止め塗料A種、後者を錆止め塗料B種と位置づけています。

　防錆塗料は下塗りに用いられ、仕上げ塗料に応じて選定されます。塗膜の耐久性は、塗膜の厚さに依存するので、基本的に2度塗りが求められます。屋外でも特に過酷な環境下では、より耐候性の高い変性エポキシ樹脂プライマーやジンクリッチプライマーが選択されます。なお人体や環境への配慮から鉛やクロムを含む塗料は使用されなくなっていますが、JIS等の一部の基準にはこれらを含む錆止めがまだ存在しています。

◉**防錆処理の留意点**

　防錆処理の前に素地調整をします。その目的は、赤錆・黒皮・油脂・汚れの除去に加えて、鉄骨表面を目荒しして塗膜の付着性を向上させることです。素地調整には研削材を吹き付けるブラスト処理、酸洗い、動力工具と手工具を併用したさび落としがあります。ただし防錆処理によって不具合が生じる場合もあります。例えば高力ボルトの継手では接合面の摩擦力低下（図1）、現場溶接部では溶接欠陥（図2）、柱脚の埋込み部分ではコンクリートと鉄骨の付着の低下（図3）が生じたりします。

　防錆塗料はロックウールの付着性に悪影響を及ぼします。そのため吹付けロックウールを耐火被覆に用いる場合も防錆塗料の使用を避けることになりますが、防錆処理が必要な場合には、プライマー等の付着力の検討が求められます。また、柱梁と外壁との取合い部では、耐火被覆の一部を隣接する外壁材によって代替させる合成耐火構法を採用することが一般的です。外壁側の鉄骨にロックウールを吹付けない箇所が生じるので、その部分の防錆処理をあらかじめ検討しておくことも求められます（図4）。

表 1　代表的な防錆塗料

種類		処理面		使用環境	
		鋼材	めっき	屋外	屋内
ジンクリッチプライマー	JIS K 5552　2種	○	○	○	
構造物用錆止めペイント	JIS K 5551	○	○	○	
鉛・クロムフリー錆止めペイント	JIS K 5674　1種	○		○	○
	JIS K 5674　2種	○			○
変成エポキシ樹脂プライマー	JASS18 M-109		○	○	
水系錆止めペイント	JASS18 M-111	○	○		○

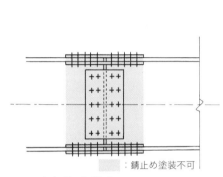

図 1　高力ボルト継手（次に基づき作成：『BRI 143 号』）

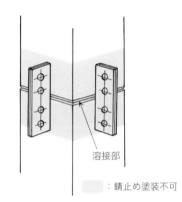

図 2　現場溶接部（次に基づき作成：『高力ボルト協会ウェブサイト』）

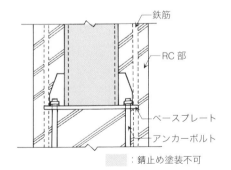

図 3　柱脚（次に基づき作成：『BRI 143 号』）

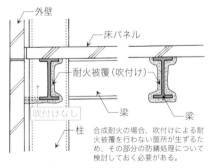

図 4　合成耐火の場合の防錆処理（次に基づき作成：『S造設計［構法・ディテール］選定マニュアル』）

143

5・8

規格カーテンウォール

◉**カーテンウォールの基本方式**

　カーテンウォールの地震による被害を防ぐためには層間変位追従性が必要です。層間変位とは地震時に生じる上下階のずれ幅のことで、この値を階高で除した層間変形角を指標として層間変位追従性を検討します。建築基準法施行令第82条の2では、層間変形角が 1/200 以内でなければならないと定めていますが、高度な構造設計が行われる場合にはこの値を超える層間変形角に対応できる性能が求められます。

　カーテンウォールの層間変位追従の方式には、方立が変形する面内変形方式、パネルが回転するロッキング方式と水平移動するスウェイ方式があります（表1）。縦長のパネルにはロッキング方式、横長のパネルにはスウェイ方式が適しています。

◉**金属カーテンウォール**

　金属カーテンウォールは、方立を上下の床（もしくは梁）の間に掛け渡し、そこにガラスやスパンドレルパネルをはめ込むものです。ガラスの破損を防ぐため、ガラスがサッシ内で自由な移動と回転ができるように設計する必要があります。具体的には、ブーカムの式を用いてガラスとサッシのクリアランスを検討します（図1）。

　金属カーテンウォールには、耐風圧性能、水密性能、層間変位追従性能、気密性能、遮音性能、断熱性能など様々な性能が要求されます。それぞれのカーテンウォールメーカーには要求性能をクリアした規格製品が数多く存在しています。超高層ビルなどの大型物件を除けば、これらの規格カーテンウォールが普及しています。規格カーテンウォールのカタログは思いのほかシンプルです。そのため、設計の自由度が乏しいような印象を与えることありますが、実はカタログなどに掲載されていない様々な形材がアタッチメントとして存在します。つまり、規格カーテンウォールを活用する際には、メーカーとの打合せを通じてこうした技術上の蓄積を引き出すことが重要であり、そうした取り組みによって、意匠性に富んだカーテンウォールを構成することが可能になります。

表 1　カーテンウォールの基本方式

方式	面内変形方式	スウェイ方式	ロッキング方式
支持方法と挙動	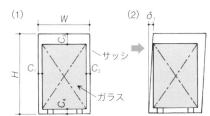		
考え方	方立の変形を許容する	パネルが水平移動する	パネルが回転する
長所 / 短所	規格製品が存在する	ファスナーが簡便	目地のずれが小さい
	現場工数が増えやすい	横目地のずれが大きい	ファスナーが複雑

（表の支持方法と挙動欄）
面内変形方式：面材回転／縦枠変形
スウェイ方式：δ　固定／ローラー
ロッキング方式：ピン

(1) W, H, サッシ, ガラス, C_1, C_2, C_3, C_4

(2) δ_1

(3) δ_2

$$\delta_1 = C_1 + C_2$$

$$\delta_2 = C_1 + C_2 + \frac{H}{W}(C_3 + C_4)$$

C_1、C_2：左右のクリアランス
　　　　（できれば $C_1 = C_2$）
H、W：サッシの高さと幅
δ_1、δ_2：サッシの変形量

図 1　ブーカムの式（出典：『S 造設計［構法・ディテール］選定マニュアル』）

図 2　規格カーテンウォールの例（金沢工業大学 15 号館）（撮影：佐藤考一）

5
鉄骨造建築の各部構法

145

5・9

オーダーカーテンウォール

◉柱梁カバー方式とスパンドレル方式

　オーダーカーテンウォールは、主に柱梁カバー方式とスパンドレル方式に分けられます（表1）。どちらもPCaカーテンウォールと結びつく傾向が強い方式です。柱梁カバー方式は、柱と梁を別々に覆うパーツに分割してカーテンウォールを構成するもので、彫りの深い表現が可能となります。実質的にPCa版に限定されますが、アルミパネルを用いた大阪東京海上日動ビルディングという例外も存在します。スパンドレル方式は、層間変位を開口部分のサッシのみで吸収するためサッシ枠の変形が大きいことに注意が必要です。パネルが大型化する傾向にあり、例えば、グリーンタワービルでは長さ8mのPCa版が製造されました。

◉ PCa カーテンウォール

　PCaカーテンウォールの代表的な仕上げはタイル張りと石張りで、これらの仕上げを行うためにPCaカーテンウォールが採用されることも少なくありません。PCaカーテンウォールには、金属カーテンウォールのような規格製品は存在しないため、オーダー品になります。柱型、梁型、腰壁といった巧妙な分割によって、層間変位に追従するとともに意匠上の特徴にもなります。

　タイル打込みPCaカーテンウォールは、タイル脱落措置として最も信頼性の高い方法の1つです（図1）。また、タイル外装は、日本ではグレードの高い仕上げとして定着しており、発注者から要望されることも少なくありません。タイル外装より高級な外装として、石張りがあります（図2）。石とコンクリートとの一体化を図るため、シアコネクターを石の裏面に取り付けてからコンクリートを打ち込みます。エフロレッセンス（白華現象）を防止するためPCaへ打込む花崗岩にはエポキシ樹脂で裏面処理を行い、さらにけい砂をまいて付着力を確保します。こうした手の込んだ仕様は、大正海上火災ビル（現・三井住友海上火災ビル）で完成したと言われています。

表1　オーダーカーテンウォール　柱梁カバー方式とスパンドレル方式

方式	柱梁カバー方式	スパンドレル方式
支持方法と挙動	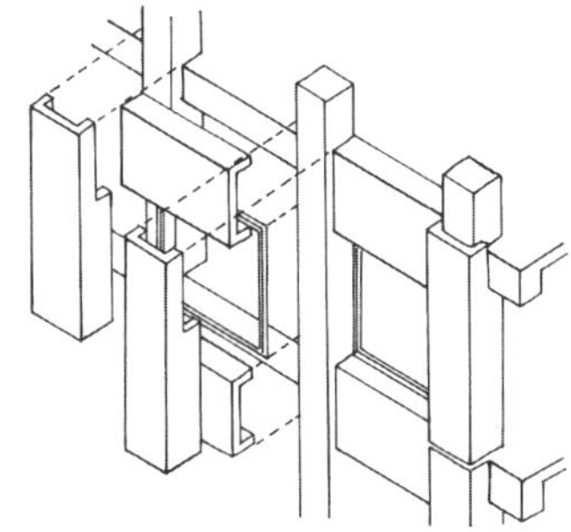 	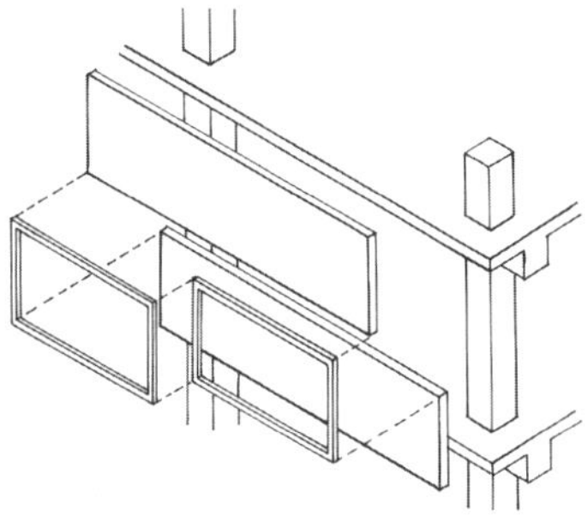
考え方	外壁パネルを巧妙に分割する	開口部に集中する変形に対応する
長所／短所	彫りの深い外壁表現が可能	横連窓の実現。パネルの大型化
	実質的に PCa 版に限定される	サッシ枠の変形が大きい

次に基づき作成：『構造用教材』

図1　柱梁カバー方式の例（東京海上火災ビル）
（撮影：五十嵐太郎）

図2　スパンドレル方式の例（大正海上火災ビル）
（撮影：井上朝雄）

5·10 外壁 ③
ガラススクリーン

◉ SSG 構法と DPG 構法

あたかもガラスのみで開口部を構成しているようにみせる構法として、熱線反射ガラスを構造用シーラントで支持する SSG 構法や孔のあいた強化ガラスを用いる DPG 構法があります（表1）。

SSG 構法は、アメリカで開発された構法で、構造用シーラントによってガラスを方立（バックマリオン）に接着します。日本の初期事例は葉祥栄のコーヒーショップ・インゴット（1977年現存せず）ですが、現存する建物ではレーモンド設計事務所による日本システムウエア本社ビル（1986年）が代表です。この構法は2辺SSGと4辺SSGに分かれます。前者はガラス4辺のうち2辺を構造用シーラントで支持し、残る2辺には嵌め込み支持するフェイルセーフ機能を組み込んでいます。

DPG 構法は、孔のあいた強化ガラスを特殊な金物で支持し、ガラスの壁体を構成する手法で、面外方向の力は支持金物を通して背部の支持構造体に伝えられます。1980年代のフランスで開発された構法で、日本では、1993年に竣工した日本長期信用銀行本店ビル（現存せず）のアトリウムが DPG 構法の最初期の本格事例として知られています（表1）。

◉ガラス方立構法

近年はガラス方立構法が中層階でも用いられるようになりました（図1）。この構法は、ガラスを支持する部材を天井裏と床下に隠し、ガラスのみで開口部を構成しているようにみせる構法で、自動車のショールームや店舗のファサードによく用いられています。面ガラスが受けた風荷重などの面外方向の力は、シールを介して方立ガラスが受けます。面ガラスの自重によるたわみをなくすため、開口部が6mより高い場合には吊り下げ型になりますが、低い場合には自立型が可能になります。面ガラスと方立ガラスの接合部や面ガラス同士の接合部には、地震時に別々の挙動（ロッキング）が生じます。こうした部分ではクリアランスを十分に確保し、高モデュラスのシリコーン系シーリング材で接着します（図2）。

表1　ガラススクリーン構法

種類	SSG 構法	DPG 構法	ガラス方立構法
主な用途	カーテンウォール等	アトリウム等	ショップフロント等
ガラス　仕様	熱線反射ガラスのみ	最大サイズ 2m × 2m	最大高さ 10m 程度※
ガラス　支持方法	構造用シーラントによる接着	金物による点支持	吊下げ※＋ガラス方立
使用例	日本システムウエア本社ビル（撮影：佐藤考一）	もてなしドーム（撮影：佐藤考一）	Junko Fukutake Hall（撮影：五十嵐太郎）

注）ガラスを自立させる方法もある。この場合の最大高さは 6m。

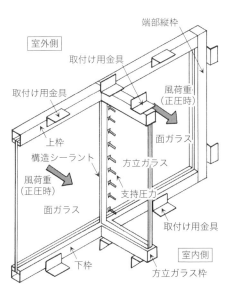

図1　ガラス方立構法の概略図（出典：『ガラス方立構法技術指針（案）』）

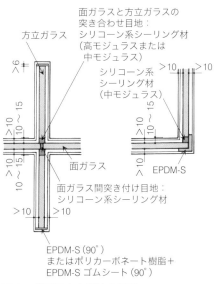

図2　ガラス方立構法の目地（出典：『日本板硝子総合カタログ』）

149

5・11

窯業系の縦張り

◉ ALC 縦壁ロッキング構法

　厚形ALC板は鉄骨造の外壁に最も多く用いられる外装材です。標準構法は、縦張りALC板をロッキングさせて層間変位に追従させる構法です（図1）。ALC板と鉄骨梁との間には、ダイアフラムなどの突起物を避けたり躯体の建て方誤差を吸収するため、30mm以上のクリアランスを設けます（図2）。

　ALC板の上下には長いナットがアンカーとして埋め込まれており、平プレートやイナズマプレートを介して、この部分でボルト留めされます（図3）。

　各種プレートは定規アングルと呼ばれる下地鋼材に溶接されますが、ウケプレートと呼ばれる金物がALC板の重量を支えています（図4、図5）。ただし、ロッキング挙動を拘束しないよう、ALC板はウケプレートに置かれているだけと言っても差し支えありません。

　なお、平プレートの厚みの分だけ、ALC板と定規アングルの間には隙間が生じます。隣接するALC板の不陸調整などを円滑化するため、縦目地の位置にメジプレートを設けてそうした隙間を塞ぎます。

　ALC板の上下に生じる横目地や、出入隅部や他部材との取合い部に生じる縦目地には、10mm〜20mm程度の伸縮目地を設けます。耐火性能を必要とする伸縮目地には、耐火目地材を充填します。

◉ ALC の地震被害と対策

　これまでの地震でALC外壁にも多くの被害が生じました。ただしその多くは、現在は推奨されていない古い構法で発生しています。かつてはALCの縦張りに、縦壁挿入筋構法や縦壁スライド構法といった技術も用いられていました。しかし、耐震性に乏しいので、縦壁挿入筋構法は2001年に、縦壁スライド構法は2013年にALC協会の標準構法から外され、現在の新築では採用されていません。もっとも、既存建築物の中には、こうしたALC縦張りが少なからず存在するため、リノベーションなどの際には層間変位追従性のある構法で張り替えることが望まれます。

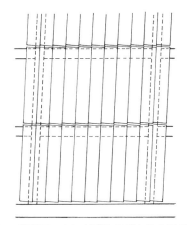

図1 縦壁ロッキング構法のパネルの動き
(出典:『ALC パネル取付け構法標準・同解説』)

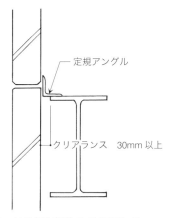

図2 ALC 板と躯体のクリアランス (出典:『ALC
パネル取付け構法標準・同解説』)

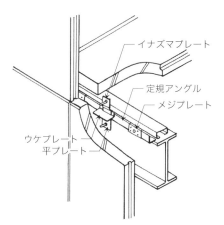

図3 ロッキング構法の取付け部 (出典:『ALC
パネル取付け構法標準・同解説』)

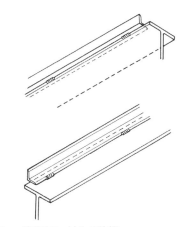

図4 定規アングルの溶接 (出典:『ALC パネル取
付け構法標準・同解説』)

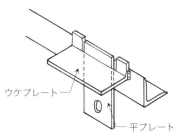

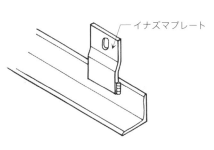

図5 取付け金物の溶接 (出典:『ALC パネル取付け構法標準・同解説』)

5・12 外壁 ⑤
窯業系の横張り

◉ ALC 横壁アンカー構法

　低層建築では ALC 板の横張りも少なくありません。厚形 ALC 板を横張りで用いる横壁アンカー構法は、一段一段が相互に水平にずれて層間変位を吸収します（図1）。3.5 〜 5m 程度の間隔で支持する必要があり、柱間が広い場合は間柱が必要となります。横壁アンカー構法の場合も、ALC 板内部に設置されたアンカー位置で、イナズマプレート、ボルトなどの取付け金物を用いて、下地鋼材に取り付けます（図2）。ALC 板の重量は 3 〜 5 段ごとに自重受け金物で躯体に伝達させます。地震時に大きな変形角が生じたり微振動が常時生じたりするような建物では、ALC 板の積上げ段数は 3 段以下となるように自重受け金物を設置します。縦目地には 10 〜 20mm の伸縮目地を設けて ALC 板を取り付けます。また、自重受け金物を設ける横目地にも、上段の ALC 板の重量が下段の ALC 板に伝達されることのないように、 10 〜 20mm 程度の伸縮目地を設けます。柱・間柱と ALC 板との間には、やはり適切なクリアランスが求められます。H 形鋼の間柱に対する最小クリアランスは 25mm になります。一方、角形鋼管の柱に対しては、定規アングルを直接溶接できません。そのため、少なくとも 70mm のクリアランスを確保する必要があります（図3）。

◉ 押出成形セメント板（ECP）の横張り

　ECP は、リブパネルが標準品です。定尺長さも 5m まであるので横張りが多用されています。積み上げ 2 〜 3 段ごとに下地鋼材に固定した荷重受け金物で受け、四隅の Z のクリップで取り付けます。ALC と比べると断熱性に劣りますが、遮音性には優れており、タイル・塗装・素地など、自由に仕上げを選ぶことができるので、デザイン性が高いといえます。実際 ALC と異なり、ECP には仕上塗材だけでなく通常の合成樹脂ペイントも塗装できます。つまり、RC 壁と同じ仕上げを施すことが可能です。また ECP にフッ素樹脂塗装を行うと金属パネルのような部材が得られるため、ルーバー等に用いるのにも適しています。

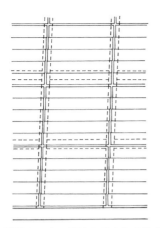

図1　横壁アンカー構法のパネルの動き
(出典：『ALC パネル取付け構法標準・同解説』)

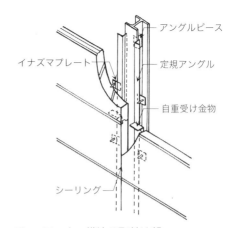

アングルピース
イナズマプレート
定規アングル
自重受け金物
シーリング

図2　アンカー構法の取付け部 (出典：『ALC パネル取付け構法標準・同解説』)

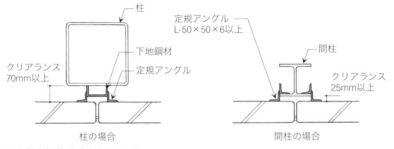

柱
下地鋼材
定規アングル
クリアランス
70mm以上
柱の場合

定規アングル
L-50×50×6以上
間柱
クリアランス
25mm以上
間柱の場合

図3　ALC 板と躯体のクリアランス (出典：『ALC パネル取付け構法標準・同解説』)

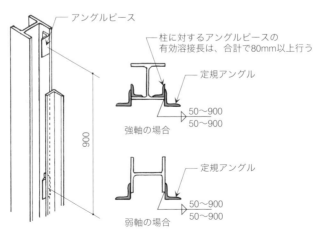

アングルピース
900

柱に対するアングルピースの
有効溶接長は、合計で80mm以上行う
定規アングル
50〜900
50〜900
強軸の場合

定規アングル
50〜900
50〜900
弱軸の場合

図4　定規アングルの溶接 (出典：『ALC パネル取付け構法標準・同解説』)

5・13 外壁⑥ 金属系

◉鋼板製外壁材

　金属系の外壁材には4種類あり、所定の形状に加工された金属板単体のものとロックウール等の断熱材を芯材にもつものとに大別できます（表1）。前者には波板、角波板、スパンドレル板などの鋼板製外壁材と金属板端部を立上げ加工した金属パネルがあります。鋼板製外壁材は板材の端部を重ねて接合しますが、金属パネルは取付ピースで接合します。後者には金属板と心材を貼り合わせた複合金属サイディングと金属板の間に芯材を発砲注入した金属サンドイッチパネルがあります。

　角波鋼板に代表される鋼板製外装は軽量形鋼を用いた胴縁に取り付けます（図1）。室内側のボード張りによって必要な防耐火性能を確保しつつ、グラスウール充填によって断熱を施すのが定石です。近年は胴縁の断熱補強も求められます。例えば、室内下地ボードと胴縁の間にスタイロフォーム等を挿入して、長いビスで留め付けたりします。鋼板製外装には、サッシとの納まりに雨仕舞の不具合が生じがちです。角波形状に応じた隙間塞ぎがケミカル面戸といった名称で用意されているので、このような副資材を活用して角波鋼板の隙間を塞ぐ方法があります。

◉金属サンドイッチパネル

　鉄骨造では金属サンドイッチパネルも多用されます。成形加工した2枚の塗装鋼板の間にポリイソシアヌレートフォームを注入して発泡・硬化させた製品やロックウールボードなどを挟み込んだ製品があり、耐火構造や防火構造、不燃材料といった防耐火認定を受けた製品もあります（図3）。どのメーカーの製品も概ね9m程度までの長尺パネルが可能です。輸送条件が整った場合、10mの特注に対応することもあります。長辺端部は、雨仕舞を考慮した嵌合形状となっています。基本的には本実隠し釘打ちと同様の考え方で、凸部を接合具で留めて、その部分を凹部で覆う形態です。短辺端部は、図3のように重ね代をもつ製品も存在しますが、多くの場合は箱折りか切断状態になります。そのためこちらの雨仕舞は、基本的にシーリングに委ねられています。

表1　金属系外壁の種類

種類	内容	外壁材の継手
鋼板製外壁材	角波板、波板、スパンドレル板	重ねて接合
金属パネル	金属板端部を立上げ加工したもの	取付ピースを使用
複合金属サイディング	金属板と芯材を貼り合わせたもの	長辺は嵌合。短辺は箱折等
金属サンドイッチパネル	金属板の間に芯材を発泡注入したもの	

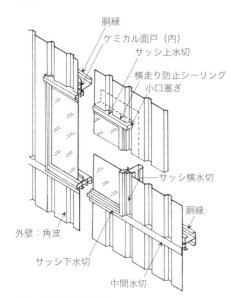

図1　鋼板製外壁材（次に基づき作成：『鋼板製外壁構法標準』）

図2　鋼板製外壁材角波板の使用例（高知県立坂本龍馬記念館）（撮影：井上朝雄）

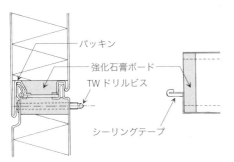

図3　耐火イソバンド Pro（出典：『防災イソバンド Pro 設計・技術資料』）

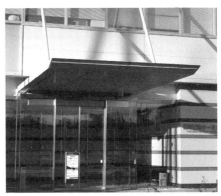

図4　金属サンドイッチパネルの使用例（福岡空港ターミナルビル別棟）（撮影：井上朝雄）

5

鉄骨造建築の各部構法

155

5・14 外壁 ⑦ モルタル塗り

●ラスシート

鉄骨造にモルタル塗りなどをする場合は、ラスシートかリブラスを下地に用います（表1）。ラスシートとは角波鋼板にメタルラスを溶接した下地材です。LS1〜4の4種類ありますが、一般流通しているのはLS1のみです。定尺材の長さは1.8m程度から3m程度までで、概ね0.3m間隔で4種類あります。定尺幅は640mm前後で、メーカーによって少し異なります。山高4mm、山ピッチは38mm程度です。

ラスシートモルタル塗りの地震被害の主な原因は、ラスシートを下地胴縁に溶接したことにあります。錆びた溶接部が、地震によって剥離したり脱落したのです。そのため、下地となる胴縁は455mm以内の間隔で設け、これらにラスシートビス（座金付きテクスビス）かフックボルトで留め付けます（図1）。張り方は、重ね代を適切に取るようにします。上下左右の重なりに気を付けて、所定の順序で張ることによって、2枚だけが重なるようにします（図2）。

出入隅では、漏水を防ぐため両側からの突きつけを避けるのが基本です。一枚物を折り曲げて取付け、コーナーラスで補強します（図3）。

●リブラス

リブと呼ばれる骨部をもつメタルラスがリブラスで、2つの規格があります（図4）。リブラスAは、材料となる鋼板を長さ1,829mmのまま、リブ成形を行う部分を一定間隔で残し、製品の幅（610mm・910mm）方向にひし形のメッシュを切り伸ばした製品です。幅方向に製造するため、製品の長さは1,829mmで一定となります。

もうひとつのリブラスCは、材料となる幅300mmほどの鋼帯にリブ成形とメッシュ展開を行い、メッシュを扇型に引伸ばした製品です。製品の長さ方向に製造するため、幅は一定ですが、長尺の製品が可能です。リブ断面はV形となりますが、ハット形もあり、主に外部の独立柱の耐火被覆や間仕切壁などをモルタル塗りする場合に用います。

表 1　鉄骨造の左官仕上げに用いる下地材

規格	定尺幅	定尺長さ	摘要
ラスシート（LS1）	640 〜 670mm 注1	1,829 〜 3,048mm 注2	山高 4mm、山ピッチ 36、38mm
リブラス A	610 又は 960mm	1,829mm	リブ間隔 120mm
リブラス C	600 〜 1,000mm	500 〜 6,000mm	リブ間隔 75 〜 150mm 注3

注1）メーカーによって異なる。　注2）概ね 300mm 間隔に 5 種類。　注3）概ね 25mm 間隔に 4 種類。

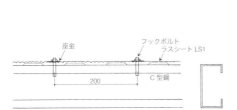

図 1　鉄骨造でのラスシートの留め付け
（出典：『ラスシート施工マニュアル』）

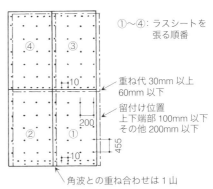

①〜④：ラスシートを
張る順番

重ね代 30mm 以上
60mm 以下

留付け位置
上下端部 100mm 以下
その他 200mm 以下

角波との重ね合わせは 1 山

図 2　ラスシートの重ね加工と納まり例
（出典：『ラスシート施工マニュアル』）

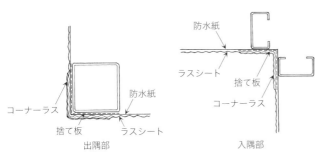

図 3　出入隅（出典：『ラスシート施工マニュアル』）

図 4　リブラス A とリブラス C（出典：『ラスシート施工マニュアル』）

5　鉄骨造建築の各部構法

157

5・15 外部開口部 ①
基本性能

◉開口部の基本性能

　性能基準が最も整っている建築部品がサッシです。その多くは JIS A 4706 に定められていますが、民間団体の基準が補完している性能もあります。例えば、耐風圧性能は 7 段階に分かれています（表 1）。一般的に S-3 級までは戸建住宅用サッシの性能で、ビル用サッシは S-4 級以上となります。目安としては 5 階までは S-4 級、7 〜 8 階は S-5 級程度となります。

　表 2 は断熱性能等級とサッシの典型的な仕様を示しています。窓の最終的な断熱性はガラス性能値に左右され、H-1 級から複層ガラスが必要となります。

　表 3 は遮音性等級と代表的な仕様を示しており、T-2 級以上が遮音性の高いサッシとされています。ビル用サッシでは 5mm 厚のガラスが一般的ですが、T-1 級や T-2 級では 6mm 厚のガラスが用いられます。

　水密性能は内外の圧力差によります。気圧は標高が 100m 高くなると大体 10hPa ずつ低くなるので、50m のビルでは最上部との 1 階の圧力差はその半分の 500Pa 程度となります。JIS には水密性能が定められており、ビル用サッシは W-3 級以上の性能を有しています（表 4）。

　表 5 は、ドア・窓・シャッターを対象に「防犯性の高い建物部品」に関する試験制度で行われる防犯試験の概要で、第 1・2 系列が金具類の強度を、第 3・4 系列が戸の強度を確認する試験内容になっています。

◉最近の動向

　2020 年度の日本サッシ協会の出荷実績調査によると、非木造用のサッシの 98% には、依然としてアルミサッシが用いられています。つまり、樹脂製サッシやハイブリッドサッシなどの高断熱サッシは 2% 程度にすぎません。もっとも住宅以外の建築物でも、省エネ基準適合率は 95% 以上（2015 年度）に達しています。複層ガラスの使用率も 55% に達しており、最上位の断熱性等級 H-6 がビル用サッシでも 2016 年に登場しています。

表1　耐風圧性能の等級

等級	最高圧力 [Pa]	主な性能基準
S-1	800	a) スライディングは召合せ框、突合せ框、召合せ中骨の最大変位が各々の部材に平行する方向の内法寸法の 1/70 以下であること
S-2	1,200	
S-3	1,600	b) スイング枠、無目、方立など、戸の周辺に接する部材において最大相対変位が 15mm 以下であること
S-4	2,000	
S-5	2,400	c) スイングや両開きなどの召合せ框は最大変位がその部材に平行する方向の内法寸法の 1/70 以下であること
S-6	2,800	
S-7	3,600	d) 無目、方立がある場合は、そのたわみ率が 1/100 以下であること

次に基づき作成：『JIS A 4706』

表2　断熱性等級と窓の代表的な仕様

等級	内外圧力差	主な性能基準
H-1	4.65 W/m²・K 以下	①召合せ部分の気密性向上など ②複層ガラス(5+A6+5)の使用
H-2	4.07 W/m²・K 以下	①枠の断熱化 ②複層ガラス(5+A12+5)の使用
H-3	3.49 W/m²・K 以下	①枠と障子の断熱化 ②2重サッシ化
H-4	2.91 W/m²・K 以下	①2重サッシ化（外部に複層ガラスを使用）
H-5	2.33 W/m²・K 以下	①樹脂サッシの使用 ②ブラインド内蔵
H-6	1.90 W/m²・K 以下	①樹脂サッシの使用 ②Low-E複層ガラス(5+A16+5)の使用

次に基づき作成：『JIS A 4706』

表3　遮音性等級と窓の代表的な仕様

等級	代表的な仕様
T-1	防音クレセントの使用
T-2	上下連動締まりなどの締付け機構の採用
T-3	上下連動締まりなどの締付け機構の採用や 6+6A の合わせガラスの使用
T-4	二重サッシ化

次に基づき作成：『JIS A 4706』

表4　水密性能の等級

等級	内外圧力差 [Pa]	主な性能基準
W-1	100	加圧中、次の状況が発生しないこと a) 枠外への流れ出し b) 枠外へのしぶき c) 枠外への吹出し d) 枠外への溢れ出し
W-2	150	
W-3	250	
W-4	350	
W-5	500	

次に基づき成：『JIS A 4706』

表5　防犯性の高い建物部品に関する試験の概要

等級	概要
第1系列	ピッキングなどによる不正開錠行為に対する試験
第2系列	ドリル、携帯ガスバーナーなどによる錠、またはその付近の破壊開錠行為に対する試験
第3系列	バールなどによるこじ破りや受座破壊に対する試験
第4系列	ドリルや金切り鋏などによる面材破壊に対する試験

次に基づき作成：『建築部品の防犯性能の試験に関する規則』

5·16

外部開口部 ②

サッシ枠の納まり

◉ ALC とサッシ枠の納まり

現在のサッシ製品は高い汎用性があります。つまり、鉄骨造にも RC 造にも同じ障子が使えるよう、サッシメーカー各社は数種類の専用サッシ枠を製品ごとに用意しています。ALC サッシ枠はそうしたサッシ枠の代表です（図1）。

RC サッシ枠の場合、RC 壁に埋め込まれた差筋にサッシ枠の受け金物を溶接しますが、ALC サッシ枠の場合は、L 字状の丸鋼を受け金物と開口補強鋼材の両方に溶接していきます。

もっとも、L 字状の丸鋼を現場で設置することを除けば、RC サッシ枠の納まりと同様です。つまり、ALC 板とサッシ枠の間の空隙にはモルタルを詰めますし、ALC 板とサッシの目地には外側からシールを打って防水します。

◉ 押出成形セメント板（ECP）とサッシ枠の納まり

一方、ECP 専用のサッシ枠を生産するメーカーは数社に限られています。そのため、ALC サッシ枠や RC サッシ枠を転用して ECP 外壁に用いることが少なくありません。この場合は、ECP の背面に回った水を外に排出できるように ECP とサッシとの間に水切金物を介して接合するなどの対策が必要となります。取り付けは ALC の場合と同様に、サッシ枠を固定するアンカーと開口補強鋼材とを丸鋼等の差筋を介して溶接します。なお、ALC と異なりモルタル詰めを行わないので、接合箇所が増えることに注意が必要です。

ECP 専用のサッシ枠を用いる場合は、専用のアタッチメントを用いて取り付けます（図2）。上下枠のアタッチメント部分にボルトを設置できるので、この部分の取り付けには溶接作業が不要です。ただし、縦枠の取付けには溶接が生じます。こうした ECP 専用のサッシ枠には、パネル表面の1次シールにはシーリング材が用いられてはいるものの、屋内側の2次シールにはシーリング材の経年劣化を考慮して、ガスケットが採用されています。

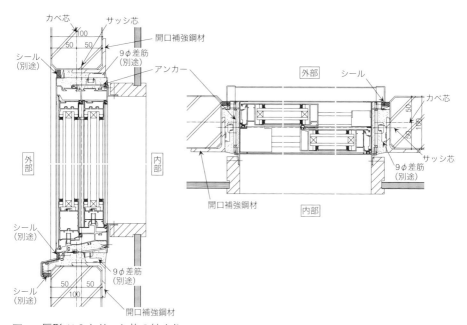

図1　厚形 ALC とサッシ枠の納まり　(出典：『LIXIL ビルサッシカタログ』)

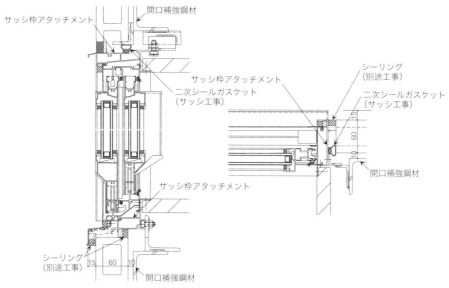

図2　ECP とサッシ枠の納まり　(出典：『三協アルミ ECP-70 パンフ』)

5·17
外部開口部 ③
開口補強

◉押出成形セメント板（ECP）の縦張りの開口補強

　ALC張りやECP張りの開口部には開口補強鋼材が必要です。これら2次部材はその構成に応じたモデル化を行って断面を検討します。例えばECP縦張りの場合、通常の開口部では、外壁材と開口部に作用する風圧力を上下の横材が受けます（図1(1)）。さらに横材（まぐさ）には垂壁の重量も伝わります。これらの力は上下の横材を経由して、集中荷重として縦材に伝達され、最終的に上下の梁に伝えられます。開口補強鋼材の接点はピン接合とみなされ、横材は等分布荷重、縦材は2箇所の集中荷重を受ける単純梁としてモデル化されます。

　大開口も、基本的には(1)の場合と同様ですが、横材を支持する吊材が垂壁の重量を、負担するものとみなします（図1(2)）。なお吊材は引張力しか負担しないため、基本的に応力等の検討は省略されます。横連窓の場合、上下に分割される縦材（間柱）が梁の上下フランジに接合されます（図1(3)）。つまり固定端が簡易的に形成されるので片持ち柱とみなします。横材は、(2)と同様、開口部と外壁材に作用する風圧力のみ等分布荷重として負担します。

◉押出成形セメント板の横張りの開口補強

　通常の開口の場合、外壁面と開口部に作用する風圧力を開口部の左右の縦材（方立）が受けます（図2(1)）。縦材を経由した力は上下の胴縁に集中荷重として伝達され、最終的に外壁の下地鋼材に伝えられます。なお横張りでは、胴縁（まぐさ）の上の垂壁も下地鋼材で支持されます。

　大開口の場合、柱間がパネル長さより大きな場合などでは、開口補強に縦材（間柱）が必要となります（図2(2)）。こうした縦材には、横材からの集中荷重だけでなく、外壁に対する風圧力も等分布荷重として伝わります。横連窓の場合、縦材（片持ち柱）には垂壁や腰壁に対する風圧力だけでなく、開口部に対する風圧力が横材を介して集中荷重として伝わります（図2(3)）。そのため横材には、縦張りの場合と異なり、開口部に対する風圧力のみが伝わります。

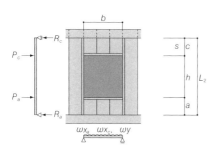

（1）ECP 縦張りの通常の開口

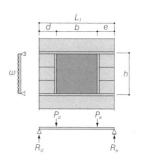

（1）ECP 横張りの通常の開口

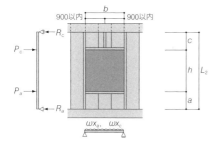

（2）ECP 縦張りの通常の大開口

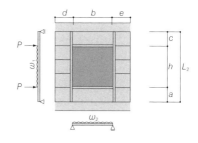

（2）ECP 横張りの通常の大開口

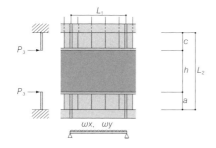

（3）ECP 縦張りの通常の横連窓

図1　ECP 縦張りの開口補強（出典：『アスロック HB』）

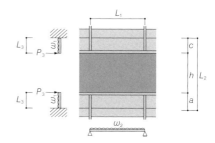

（3）ECP 横張りの通常の横連窓

図2　ECP 横張りの開口補強（出典：『アスロック HB』）

5・18 外部開口部 ④ 補強の検討例

◉外壁パネルの耐風圧性能の検討

　ALC 張りや ECP 張りでは、外壁パネルそのものの検討が必要なのは言うまでもありません。例えば ECP であれば、曲げ応力度とたわみが許容値以内であることを確認します。その判定式は下記に示す通りです。なお、風圧力は、建築基準法施行令第 82 条の 5 および平成 12 年建設省告示第 1458 号に基づき算定します。実験等により風圧力が確認された場合はそれに従います。

曲げ強度算定式　　　　　　　　　　　　たわみ計算式

$$\frac{M}{Z\times10^2}\leqq\sigma \quad M=\frac{\omega l^2}{8} \quad \omega=W\times b\times10^{-4} \qquad \delta=\frac{5\omega l^4}{384EI\times10^2}\leqq\frac{l}{200} \quad かつ \quad 2cm$$

◉押出成形セメント板（ECP）縦張りの下地・開口補強鋼材の構成

　縦張り開口補強鋼材の応力度 σ とたわみ量 δ は表 1 のように検定します。各種便覧類には、形鋼の断面係数 Z と断面二次モーメント I の値が掲載されているので、最終的には次のような式に変形して、これらの値が適合する形鋼を開口補強鋼材として選定します。

縦材　　　　　　　　　　　　　　　　　横材

$$Z\geqq\frac{Pa}{f_b} \quad I\geqq\frac{200\times Pal}{8E} \quad かつ \quad I\geqq\frac{Pal^2}{16E} \qquad Z\geqq\frac{\omega b^2}{8f_b} \quad I\geqq\frac{1000\omega b^3}{384E} \quad かつ \quad I\geqq\frac{5\omega b^4}{384E\times2}$$

◉押出成形セメント板横張りの下地・補強鋼材の構成

　横張りの開口補強鋼材は、基本的には縦張りと同じになります。ただし、高層階の大開口になると、力の流れ方の違いが現れてきて縦張りの横材（まぐさ）は横張りの縦材（方立）より大きな断面となります。アングル材で強度が足りない場合は、小径の角型鋼管を用いることになります。

縦材　　　　　　　　　　　　　　　　　横材

$$Z\geqq\frac{\omega h^2}{8f_b} \quad I\geqq\frac{1000\omega h^3}{384E} \quad かつ \quad I\geqq\frac{5\omega h^4}{384E\times2} \qquad Z\geqq\frac{Pa}{f_b} \quad I\geqq\frac{200\times Pal}{8E} \quad かつ \quad I\geqq\frac{Pal^2}{16E}$$

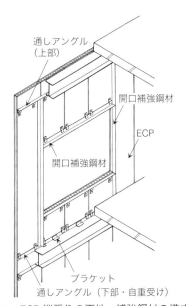

図1 ECP縦張りの下地・補強鋼材の構成
（次に基づき作成：『ECP施工標準仕様書』）

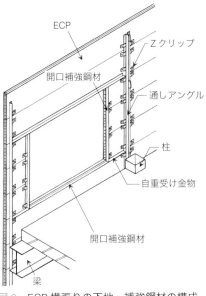

図2 ECP横張りの下地・補強鋼材の構成
（次に基づき作成：『ECP施工標準仕様書』）

表1　開口モデルと補強の検討

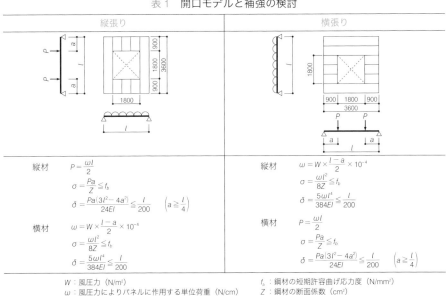

	縦張り	横張り

縦張り

$$P = \frac{\omega l}{2}$$

$$\sigma = \frac{Pa}{Z} \leq f_b$$

$$\delta = \frac{Pa(3l^2 - 4a^2)}{24EI} \leq \frac{l}{200} \quad \left(a \geq \frac{l}{4}\right)$$

横材

$$\omega = W \times \frac{l - a}{2} \times 10^{-4}$$

$$\sigma = \frac{\omega l^2}{8Z} \leq f_b$$

$$\delta = \frac{5\omega l^4}{384EI} \leq \frac{l}{200}$$

縦材

$$\omega = W \times \frac{l - a}{2} \times 10^{-4}$$

$$\sigma = \frac{\omega l^2}{8Z} \leq f_b$$

$$\delta = \frac{5\omega l^4}{384EI} \leq \frac{l}{200}$$

横材

$$P = \frac{\omega l}{2}$$

$$\sigma = \frac{Pa}{Z} \leq f_b$$

$$\delta = \frac{Pa(3l^2 - 4a^2)}{24EI} \leq \frac{l}{200} \quad \left(a \geq \frac{l}{4}\right)$$

W：風圧力（N/m²）
ω：風圧力によりパネルに作用する単位荷重（N/cm）
l：パネルの支持スパン（cm）
a：窓上下のパネル長さ（cm）
P：風圧力により縦材に作用する単位荷重（N）

f_b：鋼材の短期許容曲げ応力度（N/mm²）
Z：鋼材の断面係数（cm³）
I：鋼材の断面二次モーメント（cm⁴）
E：鋼材のヤング係数（N/mm²）
δ：鋼材のたわみ量（cm）

次に基づき作成：『ECP施工標準仕様書』

5・19 屋根 ①
折板屋根

◉ **折板屋根の概要**

　折板屋根は、鉄骨造で多用される勾配屋根です。最小勾配を 3/100 程度まで緩くできることに加え、軽量で躯体への負担が少ないためです。実際、折板は凹凸の形状により剛性をもつので、下地の野地板を必要としません。そのため施工の手間が省けます。また、下地の部材数が少ないことは、コストダウンというメリットにもつながります。さらに、屋根面を支える母屋の間隔を他の構法より広くできるという特徴もあります。注意点は、野地板を入れないため雨音が下に伝わりやすいこと、断熱性を高める工夫が必要なことです。折板は、梁や母屋に溶接されたタイトフレームの上に設置されます。板と母屋の固定は、雨水が溜まる谷ではなく、山の部分で行います。

◉ **各種納まり**

　屋根の端部をけらば包みで納める場合、端部用タイトフレームを 1,000mm 間隔程度に配置して折板を固定します（図1、図2）。タイトフレームを用いない場合は、けらば先端部の上面または下面には、1,000mm 間隔程度に折板の山ピッチの3倍以上の長さの変形防止材を配置します。また、けらばをはね出す場合には、原則として、下面に折板を支持する梁を設けます。

　棟部分では、折板の谷部に止面戸を取り付けた後、棟包みを付けます（図3）。また、雨水を切るために、山と山の間にエプロンを取り付けます。折板の山部は、嵌合やはぜの種類に応じて様々な形状がありますが、それに応じたはぜ面戸と呼ばれるプラスチック製部材を設置してシールします。

　水上部分の壁付けは、棟と同様の部材で構成されます。雨押えは、折板の山より150mm 以上立ち上げます（図4）。通常は雨押えの上に壁材が取り付けられるので、適切な位置に胴縁を設置します。流れ方向の壁付けは、けらばと同様です。端部用のタイトフレームの上に折板を置き、その上に雨押えを被せて留め付けます（図5）。

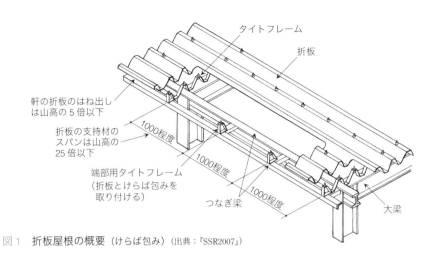

図1 折板屋根の概要（けらば包み）（出典：『SSR2007』）

図中ラベル：
- タイトフレーム
- 折板
- 軒の折板のはね出しは山高の5倍以下
- 折板の支持材のスパンは山高の25倍以下
- 端部用タイトフレーム（折板とけらば包みを取り付ける）
- 1000程度
- 1000程度
- 1000程度
- つなぎ梁
- 大梁

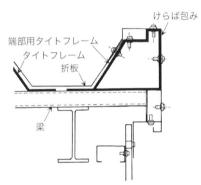

図2 けらばの納まり（出典：『SSR2007』）

図中ラベル：
- けらば包み
- 端部用タイトフレーム
- タイトフレーム
- 折板
- 梁

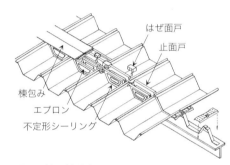

図3 棟の納まり（出典：『SSR2007』）

図中ラベル：
- はぜ面戸
- 止面戸
- 棟包み
- エプロン
- 不定形シーリング

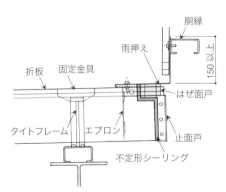

図4 壁付け（水上）の納まり（出典：『SSR2007』）

図中ラベル：
- 胴縁
- 雨押え
- 折板
- 固定金具
- 150以上
- はぜ面戸
- タイトフレーム
- エプロン
- 止面戸
- 不定形シーリング

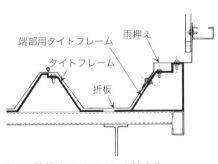

図5 壁付け（流れ方向）の納まり
（出典：『SSR2007』）

図中ラベル：
- 端部用タイトフレーム
- タイトフレーム
- 折板
- 雨押え

5・20 屋根 ②
陸屋根

◉陸屋根のシート防水

　陸屋根の防水層は、シート防水とアスファルト防水に大別され、前者は2種類に分かれます（表1）。塩化ビニル樹脂系のシートでは塗装仕上げは不要ですが、加硫ゴム系のシートでは塗装仕上げを行うことが一般的です。

　下地に接着剤を塗布する接着工法は、シートが下地に全面接着されるため耐風圧性能に優れ、特定の人のみが歩いてよい「軽歩行可」の仕様に位置づけられています。ただし、防水層の膨らみを防止する通気工法などを用いることが推奨されます。一方、固定金具を用いてシートを留める機械式固定工法は、歩行を想定した仕様ではありません。もっとも、シートを接着しないため躯体の挙動の影響を受けることがほとんどなく、下地の処理が最低限で済むので工期の短縮が図れます。また、下地の湿気の影響が小さいため、脱気装置は不要です。新築だけでなく、改修でも多用される工法です。

◉外壁構法による納まり

　鉄骨造のパラペットは3つに大別されます。ALC板などの外壁材を立上げる場合、床スラブと外壁との間をモルタル詰めします。こうしたパラペットは地震時の挙動が躯体と異なるので、両者を絶縁してから防水シートを外壁上端まで張ります（図1）。なお、ALC板で陸屋根を構成した場合、専用のドレンを用いてALC板を10mmほど座堀して設置します（図2）。RCのスラブを立上げる場合、立上りの上端に埋め込んだブラケットに通しアングルを溶接し、外壁材とRC立上りの両方の上端を覆うように笠木を設置します（図3）。

　鋼製下地を立上げる場合、最上階の大梁の上にH形鋼などの間柱を溶接して伸張させた鋼製下地を支持します（図4）。こうしたパラペットの防水の考え方は折板屋根の壁付けと同じです。なお、パラペットの立上り面は外壁と同じ仕上げにすることが一般的です。

表1　シート防水の概要

種類	塩化ビニル樹脂系シート		加硫ゴム系シート	
塗装仕上	不要		必要[注1]	
工法	接着	機械的固定[注2]	接着	機械的固定[注2]
摘要	軽歩行可	非歩行	軽歩行可	非歩行

注1）機械式固定用の着色シートもある。　注2）下地からの湿気の影響が小さい

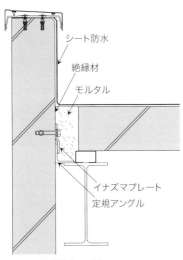

図1　ALC板縦張りの例
（次に基づき作成：『ビュートップ防水』）

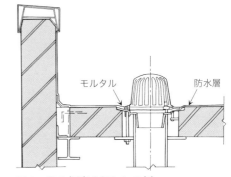

図2　ALC板床のドレンの例
（出典：『中部コーポレーション』）

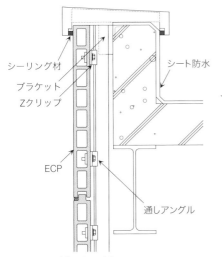

図3　ECP横張りの例
（出典：『ECP施工標準仕様書』）

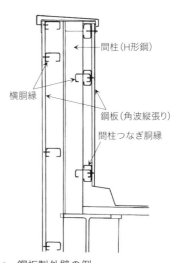

図4　鋼板製外壁の例
（出典：『公共建築工事標準仕様書』）

5　鉄骨造建築の各部構法

5・21 床 ①
合成スラブ等

◉鉄骨造の床スラブの概要

　鉄骨造の床では、デッキプレートを用いた合成スラブが多用されます（表1）。凹凸形状をしているため剛性が高く、コンクリート硬化後はRCスラブの下端筋を代替します。ただし、耐火被覆が不要になるのは大臣認定された仕様に限定されます。また、デッキプレートはコンクリートを打設する際の型枠としての役割を果たすので、施工が効率的になります。もっとも、支保工まで不要になるとは限らないことに留意が必要です。

　フラットプレートやキーストンプレートを用いたものは鋼製型枠付きスラブと呼ばれ、下階の天井が現しとなる場合などに用いられます。コンクリートとプレートが構造的に一体化されないため、合成スラブにはなりません。

◉合成スラブの共通仕様

　表2は、一般的に用いられる無耐火被覆合成スラブの仕様です。デッキプレートを1スパン支持に設置する単純支持では、溝筋と呼ばれる耐火補強筋が必要です。一方、デッキプレートを2スパン以上に架けわたす連続支持では、溝筋は不要です。デッキプレートの断面形状により溝広と溝狭の2タイプがあります。溝広タイプの方が許容荷重が大きく、スパンを狭めれば許容積載荷重は 9,800N/m² まで増加します。

　合成スラブは、メーカー各社が独自に仕様を定めています。メーカー独自の製品には、共通仕様に比べて2倍程度の許容積載荷重に対応するものや、小梁のスパンを広くできるもの、コンクリート厚を薄くして軽量化したものなどがあります。図1は業界の共通仕様です。中小規模の建物であれば、小梁を2.5mピッチで設けてその上に合成スラブを架けるのが一般的です。デッキプレートを梁と接合するため、焼抜き栓溶接で、あるいは、スタットボルトを溶接して固定します。スラブを補強する溶接金網は、錆を防ぐために溶融亜鉛メッキをしたものを用いることが望まれます。スラブ内に埋設する設備配管を最小限に止めることが重要であることは言うまでもありません。

表1　主な3つの構法の概要

種類		無耐火被覆合成スラブ	合成スラブ	鋼製型枠付きスラブ
床プレート	名称	デッキプレート		フラットプレート キーストンプレート
	構造耐力	下端筋を代替する		—
耐火被覆		不要	必要	不要
使用条件		大臣認定の範囲		—

表2　無耐火被覆合成スラブの仕様（1時間耐火）

支持方式		単純支持				連続支持			
デッキプレート	タイプ	溝広		溝狭		溝広		溝狭	
	山高	50mm	75mm	50mm	75mm	50mm	75mm	50mm	75mm
鉄筋	上端筋	φ6－150×150 または D10 @ 200							
	溝筋	D13		上端筋の二重化注1		不要			
コンクリート厚さ		80mm 以上							
スパン上限		2.7m	3.4m	2.5m	2.7m	3.0m	3.4m 注2	2.7m	
許容荷重		5,400N/m² 注3		2,900N/m² 注3		5,400N/m² 注3		3,900N/m²	

注1）φ6－150×150のみ。　注2）3.6mまでの緩和あり。　注3）スパンに応じた緩和あり
次に基づき作成：『合成スラブ工業会ウェブサイト』

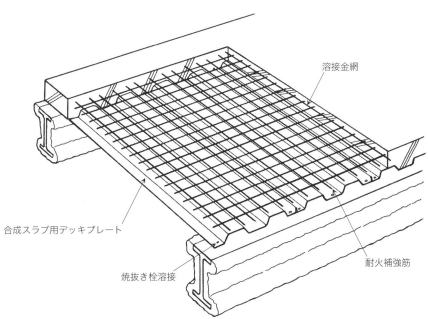

溶接金網

合成スラブ用デッキプレート

焼抜き栓溶接

耐火補強筋

図1　共通仕様の例（出典：『合成スラブの設計・施工マニュアル』）

5・22 床②
床組

● ALC板床

鉄骨造ではRCスラブを用いない床も少なくありません（表1）。こうした床では水平ブレースを床下に設けて水平構面の剛性を確保する必要があります。ALC板を用いた床（敷設筋構法）では、ALC板が単純梁になるよう梁を設けます（図1）。この場合、ALC板の厚さは100mm以上で、最大支点間距離は厚さの25倍です。ALC板のかかり代は、板の長さの1/75以上かつ40mm以上を確保します。根太などの下地は不要ですが、荷重によりたわんだALC板が大梁継手のボルトと干渉しないように、かさ上げ鋼材（軽量形鋼）を設けます。ただし小梁では、上端位置を調整すればかさ上げ鋼材は不要になります。目地鉄筋はスラブプレートに溶接し、目地にはモルタルを詰めます。スラブプレートは、小梁やかさ上げ鋼材に溶接します。なお、ALC板は耐火性能があります。厚さ100mm以上では1時間耐火、120mm以上では2時間耐火の耐火構造となります。

柱廻りではALC板を切断するので、その部分を支持するための下地鋼材を設けます（図2）。ALC板は種類が少なくなるように割付けます。パイプスペースや階段室廻りでは、板に切欠きが生じないように留意します（図3）。また、ひび割れを防ぐため、ALC板の長辺目地を大梁の心に合わせることも求められたりします。

● 鋼製根太床・木製根太床

鉄骨造にも根太を用いた床組が存在します。こうした床は小規模な鉄骨造で用いられますが、耐火構造ではないので中・大規模では採用されません。リップ溝形鋼などの鋼製根太を用いる場合は、間隔450mmほどで配置し、溶接や金物で梁に固定します（図4）。必要に応じて木根太を間隔300mmほどで配置してから構造用合板などを張って床を構成します。一方、木材のみの床組では溶接ができません。そのため、鉄骨梁にあらかじめアングルなどの受け材を取り付けておき、そこに大引や根太といった木材を固定します（図5）。

表1　RC スラブを用いない代表的な床組

種類	ALC 床	鋼製根太床	木製根太床
下地面材	ALC 板	合板など	
根太（かさ上げ材）	（軽量形鋼）	軽量形鋼	製材
水平構面	水平ブレース		
耐火性能	耐火構造	準耐火構造^注	

注）所定の石膏ボード張りを行った場合

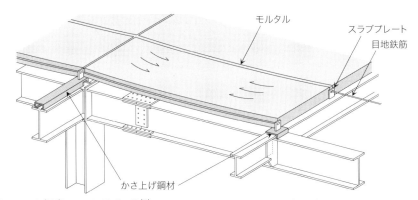

図1　ALC 板床（敷設筋構法）の例 （出典：『ヘーベルテクニカルハンドブック』）

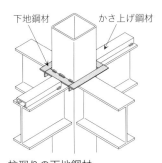

図2　柱廻りの下地鋼材
（出典：『ヘーベルテクニカルハンドブック』）

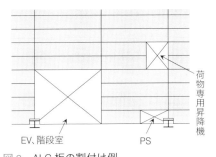

図3　ALC 板の割付け例
（出典：『ヘーベルテクニカルハンドブック』）

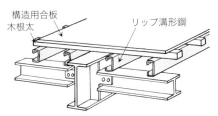

図4　鋼製根太床の例
（出典：『サクッとわかる鉄骨造のつくり方』）

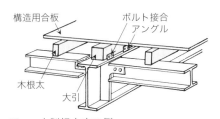

図5　木製根太床の例
（出典：『サクッとわかる鉄骨造のつくり方』）

5・23 床③ バルコニー等

◉ バルコニーと外壁・手すり壁

RC のバルコニーでは、RC スラブをそのまま立上げるので雨仕舞いの問題はさほどありません。一方、ALC 板のバルコニーでは、床と壁の勝ち負けにより 2 種類の納まりがありえますが、通常は外壁を勝たせて立上りを作ります（図1(1)）。これは、防水が切れた場合に、立上り部の直下に漏水することを想定した措置です。バルコニーの手すり壁に ALC 板などを用いることも少なくありません。梁との間にクリアランスが必要なのは外壁と同様ですが、縦目地に平鋼（縦補強鋼材）を挿入して補強し、変位に追従するためにパネル下部もファスナーで固定します（図1(2)）。なお、メーカーによっては縦補強鋼材がない方式も存在します。

設備点検用のバルコニーとして、跳ね出した鉄骨の梁の上にグレーチングの床を載せることがあります。雨水を落とすので排水ドレンは不要ですが、避難用のバルコニーとしては使えません。また、手すりと梁の接合部をはじめ、丁寧な防錆処理が重要です。

◉ GL 廻り・軒天・庇

多くの場合、鉄骨造の GL 廻りでは 1 階部分の浸水を防ぐため、RC の立上がりを設けます。外壁の最下部はこの立上がりの上で納め、下地鋼材の形状に沿って水切りを取り付けます。また、外壁材の下部のシーリングには、排水のための水抜きパイプを取り付けます（図2）。

軒天の出隅には水切りを設けます。ECP などの窯業系外装材の下端には、縦張りであれ横張りであれ、定規アングルなどが設置されます。固定バネを用いてこうしたアングルに取り付ける下端水切りが販売されています（図3）。

庇に外装材と同じ素材を用いて、デザインの一体性を確保することがあります。ALC 板の庇では、プレートを介して開口補強材に接合し、シーリングで止水します（図4）。こうした接合方法は既製品の庇にも用いられており、ボルト貫通部の止水に注意することも同様です。

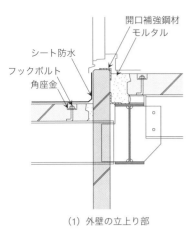

(1) 外壁の立上り部

開口補強鋼材
モルタル
シート防水
フックボルト
角座金

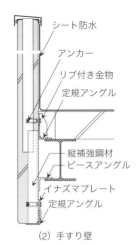

(2) 手すり壁

シート防水
アンカー
リブ付き金物
定規アングル
縦補強鋼材
ピースアングル
イナズマプレート
定規アングル

図1　ALC板のバルコニーの例（出典：『ヘーベルテクニカルハンドブック』）

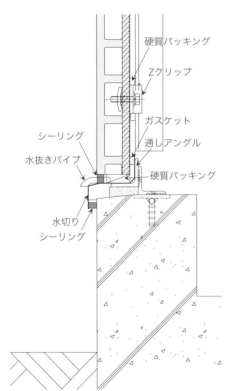

硬質パッキング
Zクリップ
ガスケット
通しアングル
硬質パッキング
シーリング
水抜きパイプ
水切り
シーリング

図2　GL廻りの例（外壁がECPの場合）
（出典：『アスロックハンドブック』）

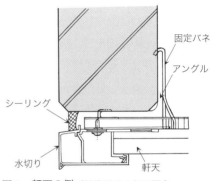

固定バネ
アングル
シーリング
水切り
軒天

図3　軒天の例（外壁がALC板の場合）
（出典：『金属建材・天井材カタログ』）

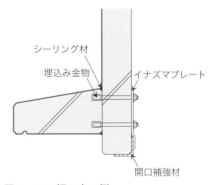

シーリング材
埋込み金物
イナズマプレート
開口補強材

図4　ALC板の庇の例
（出典：『ヘーベルテクニカルハンドブック』）

175

5・24 階段

◉鉄骨階段の計画

　基本的に鉄骨造では、内部外部ともに鉄骨製の階段を用います。鉄骨階段は騒音や振動が発生しやすいので、床の仕上げや踏板に静音性に優れたものを使います。また、階段の有効幅、踏面、蹴込み、手すり高さの寸法には、法的基準があります。さらに居住用途では、子供の足がかりにならないよう縦桟の手すり子を用いるといった配慮も求められます。こうした配慮は、公営住宅等から始まりましたが、現在は住宅の品質確保の促進等に関する法律（品確法）の高齢者等配慮対策等級の評価基準の中に具体的な仕様一式がまとめられています。

　中規模以上の建物では、折返しの避難階段が必須です。こうした鉄骨製の折返し階段の段割りは、基準階では「昇り1段下げ」が適しています（表1）。手すりが連続するだけでなく、階段と踊場の側桁の高さが同じになって、納まりがよいためです（図1(1)）。また、基準階以外で階高が高くなる場合でも、2段分までなら段割りを変えることで容易に対応できます。もっとも、基準階よりも3〜4段分高い階では、踊場を分割したり、側桁をZ形状に折り曲げるといった調整が必要になります。なお基準階を「段揃え」とすると、手すりの高さの調整が必要となるうえ、側桁の高さが階段と踊場とで異なることになります（図1(2)）。

◉側桁の設置方式

　側桁を梁に設置する方式は3つに大別されます（図2）。「ガセット方式」が一般的な方式で、側桁は梁に取り付けられたガセットプレートで固定されます。しかし、工場で組み上げられた階段を建物に固定するまで、クレーンで吊り上げた状態を保つ必要が生じます。一方、「アゴ掛け方式」では側桁の一部を梁に掛けるので、施工性が向上します。さらに「上載せ方式」になると、側桁そのものを梁上部のガセットプレートで固定するので、ボルト本締めの前から工事中の仮設通路として利用することも可能になります。この方式では、梁との納まりをよくするために桁の端部を切り欠いた製品もあります。

表1　鉄骨階段の計画

対象階	基準階	基準階以外	
		2段分まで	4段分まで
段割り	昇り1段下げ	段揃え	左記＋踊場分割
踊場側桁の高さ等	階段部と同一	階段部と異なる	Z形状に折れ曲がる
踊場手すり	連続する	段差が生じる	

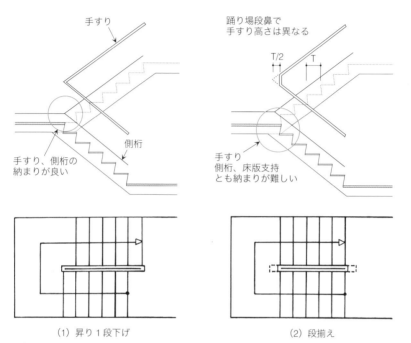

(1) 昇り1段下げ　　　　　　　　(2) 段揃え

図1　**段割りと側桁・手すりの関係** (次に基づき作成:『新版　建築構法計画資料』『内部階段カタログ』)

(1) ガセット方式　　　　(2) アゴ掛け方式　　　　(3) 上載せ方式

図2　**側桁の設置方式** (出典:『サクッとわかる鉄骨造のつくり方』)

5

鉄骨造建築の各部構法

5・25 内壁 ①
鋼製壁下地

●鋼製壁下地の概要

　鉄骨造の間仕切壁には、鋼製壁下地や木下地が用いられます。もっとも木下地は和室などに限られ、その多くに鋼製壁下地が用いられます。鋼製壁下地の主な部材は、面材の下地となるスタッドと、床や天井に固定されるランナーです。スタッドには、床ランナー下端より約1.2mごとに振れ止めを設けてスペーサーで固定します。

　JIS A 6517には5種類の鋼製壁下地材が定められており、基本的に壁高さに応じて使い分けられます（表1）。JIS以外の部材も多数販売されていて、そうした業界規格を含めれば20形から100形までがラインナップされています。これらのスタッドはリップ溝形鋼に似た形状をしていますが、長方形断面のものもあります。実際、ALC外壁の室内側では、20形の角形スタッドを特殊接着剤で取り付けたりします。なお、吹き抜けなどで壁高さが高くなる場合は、地震時の変位を抑えるために中間梁で補強するなどの対策が必要です。

●内壁と天井の納まり

　内壁と天井の納まりには2種類あります。防火区画などで遮断性能を優先する場合は壁勝ちとします。この場合は床と天井にランナーを設置し、そこに差し込んだスタッドに面材を取り付けます(図1)。ランナーはスタッドと同じ厚さ0.8mmの帯鋼をプレス成形したものです。コンクリートスラブには打込みピン、鉄骨梁では先付け金物にボルトなどで取り付けます。スタッドはランナーの間に置いてあるような状態です。つまり、スタッドに取り付けられた面材は躯体から縁が切れており、層間変位に追従します。なお重量物を支える棚や設備機器を取り付ける場合や、玄関扉などの開口部廻り、配管・配線などの貫通部などでは、下地に補強が必要です。階高が高い場合は、鉛直の補強材を2本抱き合わせにすることがあります。

　一方、天井勝ちの場合には、天井ランナーを野縁や野縁受けに留めることになります。ランナーが野縁と直角な場合は野縁（図2(1)）、平行な場合は野縁受けに留めます（図2(2)）。

表1　鋼製壁下地の仕様の違い

	規格	50形	65形	75形	90形	100形
スタッド	外形寸法	50×45×0.8	65×45×0.8	75×45×0.8	90×45×0.8	100×45×0.8
	最大壁高さ	2.7m	4m	4.5m		5m
	間隔	0.3m 程度（下張りなし）または 0.45m 程度（下張りあり）				
開口補強材の例※		50×30×10×1.2	65×30×10×1.6	75×30×10×1.6	90×30×10×1.6	100×30×10×1.6

注）一般普及材を例示。JIS 規格でないためメーカーによって様々な寸法がある
次に基づき作成：『耐火遮音システム』

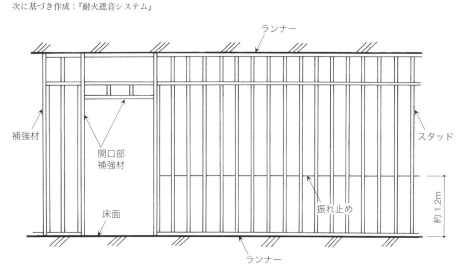

図1　鋼製壁下地展開図の例（階高が 4.0m 以下、壁勝ちの場合）（出典：『建築工事監理指針令和元年版』）

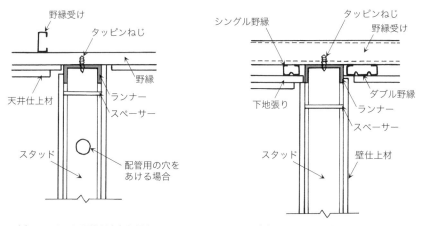

（1）ランナーと野縁が直角な場合　　　（2）ランナーと野縁が平行な場合

図2　内壁と天井の納まり（天井勝ちの場合）（出典：『建築工事監理指針令和元年版』）

5　鉄骨造建築の各部構法

179

5·26 内壁 ②
遮音壁・防火区画

◉遮音壁の種類

　鋼製下地の間仕切壁には、石膏ボードが多用されます（表1）。耐火構造の場合、厚さ 12.5mm の石膏ボードの重ね張りが基本的な仕様となります。遮音性能を上げる場合には、スタッドを千鳥配置にすることによって、いわゆる太鼓現象を抑制します。さらに高い遮音性能が求められる場合には、ロックウールやグラスウールなどの吸音材を充填します。

　壁面では音が回り込みます。つまり実際の2室間の遮音性能は、壁体の性能より1ランクほど下がります。そのため、例えばD-50の性能を求めるならTL_D-60の遮音壁を選択することが必要です。

◉取り合い部の検討

　取り合い部に隙間が出来ると、期待している耐火性能や遮音性能が発揮できないことがあります。その典型が合成スラブの裏面です。防火区画との隙間処理は吹付けロックウールが定番の1つです。この方法はファスナーの耐火被覆と同時に行えるという利点もあります（図1）。さらに遮音性能を確保する必要があれば、天井との隙間に不燃材のパッキンを充填します。またデッキプレートの凹凸形状に合わせた面戸ボードが販売されているので、鋼製下地の壁にはこうした部材を活用します（図2）。

　防火区画貫通部の措置は、平成12年建設省告示第1422号に基づいて行います。かつてはモルタル詰め以外の措置は、日本建築センターの評定・評価制度によって性能が担保されていました。しかしこの告示が示された後は貫通部措置の大臣認定が行われるようになりました。それら認定構法は図3のように整理されます。ALC板のような壁では、耐火充填材や耐熱シールを詰める充填構法、壁体内に空間がある鋼製下地壁では耐火仕切板などで貫通部を両側から挟み込むサンドイッチ構法が主に用いられます。なお丸孔構法はボイド管であけた丸孔、スリーブ構法は主に床に設けた孔に用いられます。

表 1　耐火遮音壁の仕様

遮音性能		仕様例（壁高さ 3.5m 程度の場合）（mm）	最小壁厚
耐火遮音壁	TL_D-60	硬質石膏ボード（厚 9.5）＋ 強化石膏ボード（厚 21） ランナー 90 形＋スタッド 65 形、ロックウール 40kg/㎡（厚 50）	159mm
	TL_D-43	石膏ボード重ね張り（厚 12.5）、ランナー 75 形 ＋ スタッド 65 形	125mm
耐火壁		石膏ボード重ね張り（厚 12.5）、ランナー・スタッド 65 形	115mm

次に基づき作成：『耐火遮音システム』

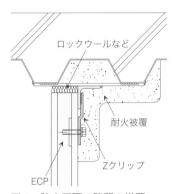

図 1　**防火区画の隙間の措置**
（出典：『アスロックハンドブック』）

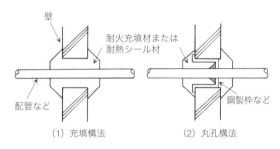

（1）充填構法　　　　（2）丸孔構法

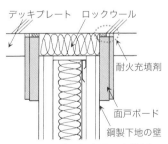

図 2　**面戸ボードを用いた措置**
（出典：『タイガーデッキガード』）

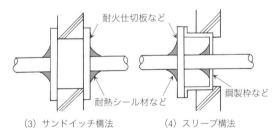

（3）サンドイッチ構法　　（4）スリーブ構法

図 3　**防火区画貫通部の認定構法の類型**
（出典：『S 造設計［構法・ディテール］選定マニュアル』）

5・27 天井

◉特定天井の安全対策

　鉄骨造建物に限らず、東日本大震災では吊り天井の被害が多数発生しました。そのため、吊り天井の落下を防ぐために、「特定天井」に関する技術基準が新たに定められました（平成25年国土交通省告示第771号）。

　特定天井とは、人が日常的に立ち入る場所に設けられた吊り天井のうち、高さと面積がそれぞれ6mと200㎡を超え、かつ天井面構成部等の単位面積質量が2kgを超えるものです。さらに学校施設においては、文部科学省が「特定天井に準ずる天井」という区分を設けて安全対策を講じています（表1）。学校以外の施設でも、吊り天井の設計はこれらの区分を参考にして新たな技術基準に沿ったものとすることが望まれます。なお告示第771号の解説には、天井の揺れを抑えるためにブレースを配した設計例や、天井板と壁面とのクリアランスを設けない設計例が紹介されています。

　通常の吊り天井には、JIS A 6517やこの規格に準じた鋼製下地を用います（表2）。原則として19形は屋内、25形は屋外で用いられ、野縁が耐えられる天井材の重量が異なります。野縁の間隔は天井の面材に応じて定められており、石膏ボード下地張りを設ける場合は、ダブル野縁は1.8m程度で設け、シングル野縁はその間に0.3m程度の間隔で設置します。

◉不適切な納まり

　鋼製天井下地の仕様は「公共建築工事標準仕様書（建築工事編）」の金属工事に詳しく記載されており、これを踏まえることが基本です。しかし、実際には天井の吊り方が不適切な場合があり、それが脱落の原因になります。不適切な例の典型は、勾配屋根の母屋に吊りボルトを曲げて取り付ける場合で（図1(1)）、天井面を屋根勾配に合わせるために吊りボルトの先端を折り曲げたものもあります（図1(2)）。同様に、折板屋根からの直吊りでも不適切な吊り方が発生しがちです（図1(3)）。また、軽微な設備向け金物を吊り元に用いたため、大規模な天井落下につながった被害も報告されています（図1(4)）。

表 1 大規模天井の分類 (文部科学省による)

表 1 大規模天井の分類 (文部科学省による)

建物の種類		屋内運動場等[注]	屋内運動場等以外の建物
単位面積質量 2kg 超	天井高 6m 超かつ水平投影面積 200㎡ 超	特定天井	特定天井
	天井高 6m 超かつ水平投影面積 200㎡ 以下	特定天井に準ずる天井	その他の天井
	天井高 6m 以下かつ水平投影面積 200㎡ 超	特定天井に準ずる天井	その他の天井
上記外の吊り天井 (天井高 6m 以下かつ水平投影面積 200㎡ 以下、または単位面積質量 2kg 以下)		その他の天井	その他の天井

注) 屋内運動場、武道場、講堂、屋内プール。ただし器具倉庫や更衣室を除く

表 2 鋼製天井下地の仕様

JIS 規格	野縁		野縁受け	クリップ	ハンガー
	シングル	ダブル			
19 形 (mm)	25×19×0.8	50×19×0.8	38×12×1.2	厚 0.6 以上	厚 2.0 以上
25 形 (mm)	25×25×0.8	50×25×0.8	38×12×1.6	厚 0.8 以上	

次に基づき作成:『公共建築工事標準仕様書』

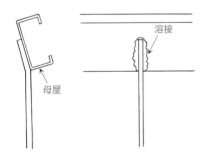

(1) 吊りボルトを曲げて溶接

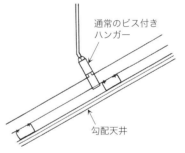

(2) 吊りボルトを曲げて勾配に対応

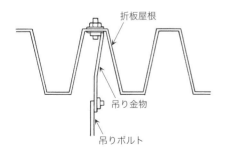

(3) 折板屋根からの直吊り

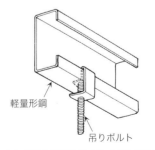

(4) 軽微な設備向け金物を吊り元に使用

図 1 不適切な納まりの例 (出典:『学校施設における天井等落下防止対策のための手引』)

5

鉄骨造建築の各部構法

5・28 非構造部材の地震被害

◉**非構造部材の耐震対策の遅れ**

　非構造部材の耐震対策は、躯体に比べると遅れています。躯体の被害は、いわゆる新耐震建物では大きく減少しています。一方、非構造部材の多くは、新耐震基準の導入以降に耐震対策が本格化しており、新しい建物でも対策が必要な場合があります（例えば ALC 板、5・11 参照）。特に外壁や天井は高所に取り付けられているので、脱落すると大きな被害につながります。地震直後は脱落していなくても、下地などの見えない箇所に被害があると余震で脱落する危険があります。そのため、避難所になる建物などでは非構造部材にも十分な耐震性を確保することが求められます。

　非構造部材の地震被害が認識され始めたのは、1978 年の宮城県沖地震における外壁やガラスなどの脱落です（表 1）。その後、天井の脱落被害などが度々発生し、順次対策が講じられてきました。地震時の挙動を把握するため、1984 年には日米共同で外壁、天井、間仕切壁、ドアに関する様々な実大実験が行われましたし、2014 年には体育館に関する天井脱落の実大振動実験も行われています。

◉**学校施設での被害と対策**

　学校施設に着目すると、東日本大震災では体育館の被害が目立ちました。ルート 1（1・2 参照）で設計された鉄骨造は、基本的に変形角が制御されていないため躯体に大きな変形が生じたものと考えられます。実際、体育館では天井が落下するだけでなく、各種外壁や開口部が脱落するなどしました（図 1 ～ 4）。そのため文部科学省は体育館を含めて、非構造部材の耐震化を積極的に行っています。その対策をまとめた『学校施設の非構造部材の耐震化ガイドブック』には、日常的に行いたい点検内容や、典型的な被害とその対策が解説されています。例えば図 2 のような構面の外に張り出した横連窓については、躯体の剛性を高めて変形を抑える方法が示されています。天井、窓ガラス、外壁、間仕切壁はもちろんのこと、設備の耐震対策も盛り込まれており、様々な建物にも参考になると思われます。

表1　非構造部材の主な被害・耐震対策

年	項目
1978 年	・宮城県沖地震。ガラス、ALC 板などの被害多数。 ・「屋根ふき材、外装材及び屋外に面する帳壁の構造方法を定める件」（昭和 46 年建設省告示第 109 号）の改正。帳壁のはめごろし窓では、硬化性シーリング材の使用を禁止。
1995 年	・兵庫県南部地震。天井などの被害多数。
2001 年	・芸予地震。屋内運動場の天井落下等。 ・「芸予地震被害調査報告の送付について（技術的助言）」（国土交通省住宅局建築指導課通知第 357 号）。吊り天井の振れ止め、クリアランスの必要性に言及。
2003 年	・十勝沖地震。空港ビルの天井落下。 ・「大規模空間を持つ建築物の天井の崩落対策について（技術的助言）」（国土交通省住宅局建築指導課通知第 2402 号）。吊り天井の振れ止め、クリアランスの必要性を改めて言及。
2004 年	・新潟県中越地震。学校施設の天井や外壁等の脱落被害。
2005 年	・福岡県西方沖地震。SRC 造オフィスビルで窓ガラスが大量に破損および落下。 ・宮城県沖地震。温水プールの天井落下。「地震時における天井の崩落対策の徹底について（技術的助言）」（国土交通省住宅局建築指導課通知第 1427 号）。2003 年の技術的助言の再周知。
2007 年	・能登半島地震。屋内運動場の天井が全面的に脱落。 ・新潟県中越沖地震。学校施設などの大規模空間で天井が脱落。
2008 年	・岩手・宮城内陸地震。窓ガラス、外壁、天井等が破損および脱落。
2011 年	・東北地方太平洋沖地震。天井、ガラス、内外壁など様々な被害が広い地域で発生。
2013 年	・「建築基準法施行令」の改正。特定天井の脱落対策について規定。 ・「特定天井及び特定天井の構造耐力上安全な構造方法を定める件」（平成 25 年国土交通省告示 第 771 号）。吊り天井に関する技術基準の公示。

出典：『学校施設の非構造部材の耐震化ガイドブック』

図1　屋内運動場の天井材の脱落

図2　軒梁上にある開口部の脱落

図3　外壁 ALC 板の脱落

図4　ラスモルタル壁の脱落

（図 1 〜 4 出典：『学校施設の非構造部材の耐震化ガイドブック』）

5

鉄骨造建築の各部構法

悲劇の記憶を伝える鉄骨

　最も有名な鉄骨建築の破壊シーンと言えば、2001年9月11日、世界中が映像を通して目撃した世界貿易センタービルでしょう。外周部とコアで支持し、オフィスを無柱の空間とした合理的な構造は、予期せぬ暴力によって劇的に崩れ落ちました。その後、2つのビルの跡地は地面を掘り込み、水が落ちていく穴として整備され、2011年にその隣でオープンした911メモリアル・ミュージアム（図1）は、圧倒的な情報を収集した施設ですが、当時の記憶を伝えるべ鉄骨の残骸を展示しています。まずエントランスでは、かつてのマリオン材に出会い、地下の巨大な空間では、北棟の96～99階の北側ファサード、すなわち航空機が衝突した付近の鉄骨、ならびに2002年5月まで一本だけ象徴的に立ち、多くのメッセージが書かれた最後の鉄柱が展示されています。なお、イギリスの帝国戦争博物館でも、911の同時多発テロを紹介し、鉄の残骸を見ることができます。

　日本の場合、保存に苦労している原爆ドームや、屋根に鉄骨が曲がった跡が残る旧宇品陸軍糧秣支廠缶詰工場などが戦争の証言者になっています。また東日本大震災に関しては、震災遺構（南三陸防災対策庁舎やたろう観光ホテルなど）はむき出しになった鉄の骨組や、伝承館に展示されるねじれた鉄が、津波の威力を伝えています。

図1　911メモリアル・ミュージアム（設計：スノヘッタ、竣工：2011年）

参考文献

1章

- 鉄鋼連盟編『鉄鋼要覧2016年版〜20年版』鉄鋼連盟，2017〜2021年
- 鉄鋼連盟編『普通鋼地域別用途別受注統計表』鉄鋼連盟，2017〜2021年
- 鉄鋼連盟『鉄のいろいろ』鉄鋼連盟，p.13・18・25
- 鉄鋼連盟編『鉄の旅』鉄鋼連盟，p.20
- ナカジマ鋼管　https://nakajima-sp.com/products/bcp/
- 佐藤考一・小見康夫・呉東航・栗田紀之『耐火木造［計画・設計・施工］マニュアル』エクスナレッジ，2018年
- 国土技術政策総合研究所・建築研究所監修『平成28年省エネルギー基準に準拠した算定・判断の方法及び解説』建築環境・省エネルギー機構，2017年
- 大野隆司・近角真一・佐藤考一『性能別に考えるS造設計［構法・ディテール］選定マニュアル』エクスナレッジ，2013年
- 日本木造住宅産業協会編『平成27年度木造軸組工法の研究』日本木造住宅産業協会，2016年
- 日本建築学会編『建築物荷重指針・同解説』日本建築学会，2015年
- 佐々木睦朗・小西泰孝「構造計画」（『建築技術』2005年5月号，p.82）
- 松村秀一他「都市型住宅生産システム研究その10」（『日本建築学会関東支部研究報告集』pp.333-336、1988年）
- 国土交通省大臣官房営繕部監修『建築工事監理指針令和元年版』公共建築協会、2019年
- 『建築着工統計』2015〜19年
- 小西泰孝「屋根を支える3つの構造要素」（『建築技術』2008年12月号、pp.24-27）
- 日本免震構造協会編『パッシブ制振構造設計施工マニュアル第3版』日本免震構造協会、2013年
- 日本建築学会『建築物荷重指針・同解説』日本建築学会、2015年
- 日本鋼構造協会編『構造物の耐風工学』東京電機大学出版局、1997年
- 大熊武司・神田順・田村幸雄『建築物の耐風設計』鹿島出版会、1996年
- 望月洵『力学と構造フォルム—建築構造入門』建築技術、1998年
- 日本建築学会編『ラチスシェル屋根構造設計指針』日本建築学会、2016年
- 日本建築学会編『空間構造の数値解析ガイドブック』日本建築学会、2017年

2章

- 難波和彦『メタル建築史』鹿島出版会、2016年
- 八束はじめ『ミースという神話』彰国社、2001年
- 特集「ハイテック・スタイル」（『SD』1985年1月号）
- 特集「モダン・ストラクチュアの冒険」（『建築文化』1997年1月号）
- レイナー・バンハム、石原達司他訳『第一機械時代の理論とデザイン』鹿島出版会、1976年
- S・ギーディオン、太田実訳『空間・時間・建築』丸善、1965年

3章

- 大野隆司・近角真一・佐藤考一『性能別に考えるS造設計［構法・ディテール］選定マニュアル』エクスナレッジ、2013年
- 経済産業省編「鉄鋼業の現状と課題」（https://www.meti.go.jp/committee/kenkyukai/economy.html、経済産業省、閲覧日2021年12月12日）
- JFEスチール『鋼構造設計便覧』JFEスチール、2018年
- 日本建築学会編『建築材料用教材』丸善、2015年
- 日本鉄鋼連盟編『高性能鋼の概要』日本鉄鋼連盟、2019年
- 新日本住金編『鉄の薄板・厚板がわかる事典』日本実業出版社、2009年
- 日本鉄鋼連盟編『高性能鋼の概要』日本鉄鋼連盟、2019年
- 日本建築学会編『建築材料用教材』丸善、2015年
- 新日本住金編『鉄の未来が見える本』日本実業出版社、2007年
- 鋼材倶楽部編『建築構造用耐火鋼材』日鋼材倶楽部、2000年
- 佐藤考一・小見康夫・呉東航・栗田紀之『耐火木造［計画・設計・施工］マニュアル』エクスナレッジ、2018年
- 藤井哲雄『錆・腐食・防食のすべてがわかる事典』ナツメ社、2017年
- 三沢俊平・山下正人・長野博大「耐候性鋼の安定さび層」（『まてりあ』第35巻第7号、pp.783-789、1996年）
- ステンレス協会編「ステンレスの主な仕上げ」（http://www.jssa.gr.jp/contents/about_stainless/selections/surfaces/、閲覧2021年12月12日）
- 日本産業標準調査会「JIS検索」（https://www.jisc.go.jp/index.html、閲覧2021年12月12日）
- 中出卓男「クロメート代替3価クロム化成処理皮膜の特徴と課題」（『Technical Sheet No.08018』大阪府立産業技術総合研究所、2009年）
- 朝日熱処理工業編「PVD・DLCコーティング」（https://www.asahi-nets.com/technology/pvd-dlc/、朝日熱処理工業、閲覧2021年12月12日）

- 亜鉛鍍金協会　http://www.aen-mekki.or.jp/faq/tabid/62/QuestionID/6/AFMID/393/Default.aspx
- 鋼材倶楽部編『鉄鋼の実際知識第 6 版』東洋経済新報社、1991 年
- 日鉄日新製鋼『アルスター鋼板』日鉄日新製鋼、2019 年
- 日鉄鋼板『エスジーエル』日鉄鋼板、2020 年
- 神鋼環境ソリューション「グラスライニング技術」（https://www.kobelco-eco.co.jp/process_equipment/glasslining/、閲覧 2012 年 12 月 12 日）
- 仁平亘弘『トコトンやさしい表面処理の本』日刊工業新聞社、2009 年
- 日本鉄鋼連盟編『塗装亜鉛系めっき鋼板 ご使用の手引き』日本鉄鋼連盟、2010 年
- 山崎昇「防食樹脂ライニング技術と施工技術者の育成」（『材料』第 48 巻第 11 号、pp.1219-1227、1999 年）
- 日鉄建材「意匠鋼板」（https://www.ns-kenzai.co.jp/b1top.html、日鉄建材、閲覧 2021 年 12 月 12 日）
- 藤井哲雄『錆・腐食・防食のすべてがわかる事典』ナツメ社、2017 年
- 塩ビ工業・環境協会、塩化ビニル環境対策協議会編『塩ビと建設材料』塩ビ工業・環境協会、塩化ビニル環境対策協議会、2007 年
- 日本アルミニウム協会編『アルミニウムハンドブック』（第 8 版）、日本アルミニウム協会、2017 年
- 日本伸銅協会・日本銅センター『伸銅品』日本伸銅協会・日本銅センター、2013 年
- 日本チタン協会『現場で生かす金属材料シリーズ　チタン』工業調査会、2007 年
- 中山武典「建材用チタンの特性と最近の動向」（『材料と環境』第 50 巻第 3 号、pp.98-102、2001 年）
- 日本銅センター編『改訂 銅板屋根構法マニュアル』日本銅センター、2004 年
- 日本塗料工業会編『塗料と塗装』日本塗料工業会、2018 年
- 国土交通省大臣官房官庁営繕部監修『建築工事監理指針令和元年版』公共建築協会、2019 年
- 有機合成化学協会編『溶剤ポケットブック』オーム社、1997 年
- 中道敏彦・坪田実『トコトンやさしい塗料の本』日刊工業新聞社、2008 年
- 出口武典「ステンレス鋼の発色」（『表面技術』第 41 巻第 3 号、pp.207-211、1990 年）
- ヘーベルテクニカルハンドブック編集委員会『ヘーベルテクニカルハンドブック 2020 年版』旭化成建材、2019 年
- 『ハンドブックアスロック Neo』ノザワ、2018 年
- 日本インシュレーション「鋼管柱・耐火 1 時間向け水系耐火塗料『タイカベール』を開発」（https://www.jicbestork.co.jp/modules/smartsection/item.php?itemid=416、閲覧 2021 年 12 月 12 日）
- ロックウール工業会「吹付けロックウール耐火被覆材」（https://www.rwa.gr.jp/product/investment.html#01、閲覧 2021 年 12 月 12 日）
- エスケー化研編『SK 耐火コート』エスケー化研、2020 年

4 章

- 日本鋼構造協会編『わかりやすい鉄骨の構造設計 第 4 版』技法堂出版、2015 年
- 国土技術政策総合研究所・国立研究開発法人建築研究所監修『建築物の構造関係基準解説書　2020 年度版』全国官報販売協同組合、2020 年
- 日本建築学会編『鋼構造許容応力度設計規準』日本建築学会、2019 年
- 日本建築学会編『鋼構造塑性設計指針』日本建築学会、2010 年
- 日本建築学会編『鋼構造座屈設計指針』日本建築学会、2009 年
- 日本建築学会編『鋼構造限界状態設計指針・同解説』日本建築学会、2010 年
- 日本建築学会編『鋼構造接合部設計指針』日本建築学会、2012 年
- 日本建築学会編『建築物荷重指針・同解説』日本建築学会、2015 年
- 日本免震構造協会編『パッシブ制振構造設計施工マニュアル第 3 版』日本免震構造協会、2013 年
- 松村秀一編『建築再生学』市ヶ谷出版社、2016 年
- 曲哲・元結正次郎・坂田弘安・吉敷祥一・和田章「ロッキング壁と鋼材ダンパーを用いた既存 RC 建物の耐震改修」（『第 13 回日本地震工学シンポジウム論文』pp.1603-1610、2010 年）
- 日本建築学会編『シェル空間構造の減衰と応答制御』日本建築学会、2008 年
- 鎌田雅己・土肥卓也「東京駅丸の内駅舎保存・復原工事」（『コンクリート工学』50 巻、11 号、pp.1015-1021、2012 年）
- 小澤建樹・川口健一・高橋徹・大井謙一「1998 年豪雪による山梨県内屋内運動場の倒壊被害について（その 1：被害の概要）」（『日本建築学会大会学術講演梗概集（九州）』B-1、pp.109-111、1998 年）
- 川村大樹・倉本幸治・高橋徹・川口健一・大井謙一「1998 年豪雪による山梨県内屋内運動場の倒壊被害について（その 2：降積雪状況と荷重推定）」（『日本建築学会大会学術講演梗概集（九州）』B-1、pp.111-112、1998 年）
- 文部科学省大臣官房文教施設企画部『屋内運動場等の耐震性能診断基準（平成 18 年度版）』文部科学省、2010 年
- 耐震改修促進法のための既存鉄骨造建築物の耐震診断および耐震改修指針改訂委員会編『2011 年度版耐震改修促進法のための既存鉄骨造建築物の耐震診断および耐震改修指針・同解説』日本建築防災協会、2011 年
- 国土交通省住宅局建築指導課監修『実務者のための既存鉄骨造体育館等の耐震改修の手引きと事例』日本建築防災協会、建築研究振興協会、2004 年
- 4 章の図の多くは金沢工業大学山岸邦彰教授の協力による。

5 章

・国土交通省大臣官房官庁営繕部監修『建築工事監理指針令和元年版（上巻）』公共建築協会、2019 年
・岡部・旭化成建材『ベースパック総合カタログ』Vol.17.1、2020 年
・『建築鉄骨標準ディテール　2016 年版（改訂版）』鉄骨建設業協会、2016 年
・『鋼構造設計便覧』JFE スチール
・建築研究所「鉄骨造建築物の接合部ディテール例示資料集―複雑な接合部ディテールの設計・製作の要点」（『建築研究所資料』No.143 号、2013 年）
・日鉄エンジニアリング、ウェブサイト（https://www.eng.nipponsteel.com/steelstructures/product/base_isolation/unbondedbrace/、2022 年 7 月閲覧）
・オイレス工業、ウェブサイト（https://www.oiles.co.jp/menshin/building/seishin/products/wfd/、2022 年 7 月閲覧）
・塩浜工業、ウェブサイト（https://shiohama.co.jp/business/architecture.html、2022 年 7 月閲覧）
・横河ブリッジ、ウェブサイト（http://www.yokogawa-bridge.co.jp/service/bp_aseismatic/powerdamp.html、2022 年 7 月閲覧）
・大林組、ウェブサイト（https://www.obayashi.co.jp/chronicle/database/t10-2.html、2022 年 7 月閲覧）
・「鉄骨造建築物の接合部ディテール例示資料集―複雑な接合部ディテールの設計・製作の要点―」（建築研究所資料 No.143 号、建築研究所、2013 年）
・大野隆司・近角真一・佐藤考一『性能別に考える S 造設計［構法・ディテール］選定マニュアル』エクスナレッジ、2013 年
・国土交通省大臣官房官庁営繕部監修『建築工事監理指針令和元年版（下巻）』公共建築協会、2019 年
・『ケイ酸カルシウム板』せんい強化セメント板協会、2022 年
・高力ボルト協会、ウェブサイト（http://www.kouriki-bolt.jp/qa/faq、2022 年 7 月閲覧）
・日本建築学会編『構造用教材』日本建築学会、2014 年
・『ガラス方立構法技術指針（案）』日本建築学会、2011 年
・『日本板硝子総合カタログ』
・『ALC パネル取付け構法標準・同解説　平成 25 年版』ALC 協会
・『鋼板製外壁構法標準　SSW2011』日本鋼構造協会
・『耐火 イソバンド Pro　NISC パネルシリーズ　設計
・技術資料　2022 年 2 月版』日本鋼板、2022 年
・『ラスシート施工マニュアル』ラスシート工業会、2020 年
・『サッシ　JIS A 4706』日本規格協会
・『建築部品の防犯性能の試験に関する規則』全国防犯協会連合会
・『LIXIL ビルサッシカタログ』
・『三協アルミビル ECP-70 パンフレット』
・『アスロックハンドブック』ノザワ、2020 年
・『ECP 施工標準仕様書　2015 年版（第 5 版）』押出成形セメント板協会
・『鋼板製屋根構法標準　SSR2007』日本金属屋根協会・日本鋼構造協会、2008 年
・『ビュートップ防水・塩化ビニル樹脂系シート防水　カタログ』田島ルーフィング、2021 年
・中部コーポレーション、ウェブサイト（https://www.chubu-net.co.jp/kenzai/Product/detail/RD126?PHPSESSID=2763f2ad781ac41c8e8284b73de6f6ac、2021 年 12 月閲覧）
・『ECP 施工標準仕様書　2019 年版（第 6 版）』押出成形セメント板協会、2019 年
・『公共建築工事標準仕様書（建築工事編）平成 31 年版』国土交通省大臣官房官庁営繕部、2021 年
・合成スラブ工業会、ウェブサイト（http://www.gousei-slab.jp/outline/index5.html、2021 年 12 月閲覧）
・『合成スラブの設計・施工マニュアル』合成スラブ工業会、2012 年
・『ヘーベルテクニカルハンドブック　2020 年版』旭化成建材、2019 年
・建築知識編『サクッとわかる鉄骨造のつくり方』エクスナレッジ、2019 年
・『アスロックハンドブック』ノザワ、2020 年
・『金属建材・天井材カタログ Vol.4』エービーシー商会、2021 年
・大野隆司『新版　建築構法計画資料』市ヶ谷出版社、2007 年
・『内部階段カタログ』横森製作所、2020 年
・国土交通省大臣官房官庁営繕部監修『建築工事監理指針令和元年版（下巻）』公共建築協会、2019 年
・吉野石膏『耐火遮音システム［2021 年 7 月版］』2021 年
・『アスロックハンドブック』ノザワ、2020 年
・『カタログ　タイガーデッキガード［平成 30 年 9 月版］』吉野石膏、2018 年
・大野隆司・近角真一・佐藤考一『性能別に考える S 造設計［構法・ディテール］選定マニュアル』エクスナレッジ、2013 年
・『学校施設における天井等落下防止対策のための手引』文部科学省、2013 年
・『学校施設の非構造部材の耐震化ガイドブック（改訂版）』文部科学省、2015 年

（掲載順）

索引

英数
ALC ································78, 160, 162
ALC 縦壁ロッキング構法 ········150
ALC 販工店 ···························16
ALC 板床 ·····························172
ALC 横壁アンカー構法 ··········152
DPG 構法 ···························148
ECP ·····························78, 160, 162
H 形鋼 ·····························36, 54
I 形鋼 ·································36
PCa カーテンウォール ··········146
SSG 構法 ···························148
2 次部材 ·····························138

あ
アイアン・ブリッジ ···············24
アイコン建築 ························46
圧延 ·································52
圧縮筋かい ·························118
厚中板 ·································8
アルキャスト ························72
アルミニウム合金 ···················72
アンカーボルト ·····················120

い
意匠パネル ··························78
一次エネルギー消費量 ············12
一般構造用鋼材 ····················58

う
渦励振 ·································20
内ダイアフラム ····················132
埋込み形式 ·························120

え
塩化ビニル鋼板 ····················70
円形鋼管 ·····························54
延性破壊 ·····························84
縁端距離 ····························108

お
オイラー座屈 ·······················100
黄銅 ·································74
オーダーカーテンウォール ···146
置屋根体育館 ························124

か
カーテン・ウォール ········36, 144
開口補強 ····························162
開口補強鋼材 ·······················162
外皮平均熱貫流率 ··················12
外壁 ·································138
角形鋼管 ·····························54
ガセットプレート ··················134
形鋼 ·································8

カップアンドコーン ···············84
カラー鋼板 ··························70
ガラス方立構法 ····················148
ガルバリウム鋼板 ··················68
側桁 ·································176
完全溶込み溶接 ····················110

き
機械的性質 ··························84
基準強度 ·····························88
犠牲防食作用 ························70
境界条件 ·····························22
強風 ·································124
局部座屈 ····························104
許容応力度 ··························88
金属カーテンウォール ············144
金属サイディング ··················154
金属サンドイッチパネル ·········154

く
空力不安定挙動 ····················20
クリアランス ·······················152
クリスタル・パレス ···············25
クロメート処理 ····················68

け
ケイカル板 ··························80
けい酸カルシウム板 ··············140
軽量形鋼 ·····························56
ゲージ ·······························108
けらば包み ·························166
建築基準法 ··························94
建築構造用圧延鋼材 ··············90
建築構造用鋼材 ····················58
建築構造用高性能鋼 ··············90
建築物荷重指針・同解説 ·········94
建築物省エネ法 ····················12
建築物の構造関係基準解説書···94

こ
工業化住宅 ··························18
鋼構造許容応力度設計規準 ·····94
鋼構造限界状態設計指針・同解説
·······································94
鋼構造座屈設計指針 ··············94
鋼構造接合部設計指針 ···········94
鋼構造塑性設計指針 ··············94
鋼材ダンパー ·······················136
工場グレード ························16
鋼製下地材 ··························56
合成樹脂エマルションペイント
·······································76
合成樹脂調合ペイント ···········76
合成樹脂ペイント ··················76
高性能鋼 ·····························60

鋼板コンクリート ··················18
降伏曲面 ·····························86
降伏条件 ·····························86
降伏比 ·································86
高力ボルト ·························106
コットレル固着 ····················84
小梁 ·································122
コルゲートパイプ ··················42
コルテン鋼 ··························64
コンピュータ ························48

さ
再現期間 ·························20, 124
再現期待値 ····················92, 124
座屈 ·······························98, 124
座屈長さ ····························100
サステイナブル・デザイン ···45
サッシ ·······························160
サッシ枠 ····························160
サンブナンねじり ·················102

し
シート防水 ·························168
時効処理 ·····························72
支承部 ·······························124
シヤーリップ ························84
遮音性 ·······························158
主応力 ·······························86
靭性 ·································86
新耐震 ·······························184
真鍮 ·································74

す
水密性能 ····························158
スーパーラーメン構造 ···········22
スタッド ························178, 180
スタッドコネクタ ··················120
スチフナ ····························104
ステンレス鋼 ························66
隅肉溶接 ····························110
スラスト ·····························22

せ
正圧 ·································122
石膏ボード ·························180
制振 ·································96
性能設計 ·····························92
積雪 ·································124
セルフビルド ························42
全強設計 ····························112

そ
層間変位 ····························144
添え板 ·······························114
外ダイアフラム ····················132

存在応力設計 ……………………112

た
第一機械時代 ……………………26
耐火鋼 ……………………………62, 90
耐火性能検証法 ……………………10, 62
耐火設計 ……………………………10, 62
耐火塗料 ……………………………80
耐火被覆 ……………………………140
耐候性鋼 ……………………………64
耐震改修 ……………………………126
耐震設計ルート ……………………92
大スパン建築物 ……………………22
大スパン鉄骨建築物 ………………20
タイトフレーム ……………………166
耐風圧性能 …………………………158
ダイアフラム ……………………116, 132
脱構築主義 …………………………46
店売り ………………………………52
たわみ ………………………………164
丹下健三 ……………………………40
断熱性能 ……………………………158
ダンパー ……………………………136
段割り ………………………………176

ち
チタン ………………………………74
チューブ ……………………………48
チューブ構造 ……………………20, 22
超高層建築物 ……………………20, 22

て
低降伏点鋼 ………………………60, 90
デッキプレート ……………………170
鉄骨 ALC 造 …………………………16
鉄骨加工業者 ………………………16
鉄骨造のシェア ……………………18
鉄骨造屋根 …………………………22
鉄道 …………………………………32
電気亜鉛めっき ……………………68
テンセグリティ ……………………31

と
銅合金 ………………………………74
胴縁 …………………………………122
通しダイアフラム …………………132
特定天井 …………………………56, 182
トラス構造 …………………………30
ドレン ………………………………168

に
日本らしさ …………………………40

ね
根巻き形式 …………………………120

粘性ダンパー ………………………136

の
軒天 …………………………………174
のど厚 ………………………………110
野縁 …………………………………182

は
ハイテック …………………………44
端あき ………………………………108
発色処理 ……………………………76
パネルゾーン ………………………116
幅厚比 ………………………………104
パラペット …………………………168
バルコニー …………………………174
阪神・淡路大震災 …………………34
万博 …………………………………30

ひ
ピッチ ………………………………108
引張筋かい …………………………118
引張強さ ……………………………88
紐付き ………………………………52

ふ
ファスナー接合 ……………………106
負圧 …………………………………122
フェライト …………………………60
吹付けロックウール ………………80
敷設筋構法 …………………………172
不動態 ………………………………66
プレファブ …………………………38

へ
平均日射熱取得率 …………………12
ベースプレート …………………120, 130
へりあき ……………………………108

ほ
防錆処理 ……………………………142
防錆塗料 ……………………………142
ほうろう鋼板 ………………………70
細長比 ………………………………100
保有耐力設計 ………………………112
保有耐力接合 ………………………114
ボルト接合 …………………………106
ポンピドー・センター ……………44

ま
曲げ応力度 …………………………164
曲げ座屈 ……………………………100
曲げねじれ座屈 ……………………102
摩擦ダンパー ………………………136
間仕切壁 ……………………………178
間柱 …………………………………122

マルテンサイト ……………………60

み
溝形鋼 ………………………………54

む
無耐火被覆合成スラブ ……………170

め
メタボリズム ………………………40
免震 …………………………………96

も
モノコック構造 ……………………28
母屋 …………………………………122

や
山形鋼 ………………………………54
山形ラーメン構造 …………………134

ゆ
有効細長比 …………………………118
ユニット ……………………………38

よ
溶融亜鉛めっき ……………………68
横座屈 ………………………………102
横補剛 ………………………………102
横補剛間隔 …………………………102

ら
ライト・コンストラクション …27
ラスシート …………………………156
ランナー ……………………………178

り
リノベーション ……………………34
リブラス ……………………………156
リングガーダー ……………………33

れ
冷間圧延 ……………………………52
冷間成形 ……………………………52
冷間成形角形鋼管 …………………90
連層耐震壁構造 ……………………22

ろ
露出形式 ……………………………120
露出固定柱脚 ………………………130
ロッキング …………………………150
ロックウール ………………………140

わ
ワーグナーねじり …………………102

編著者

佐藤考一（さとう・こういち）

金沢工業大学建築学部建築学科教授。専門：構法計画、建築生産、建築再生
東京大学工学部建築学科卒業。同大学大学院工学系研究科修士課程（建築学専攻）修了、同博士課程修了。A/E WORKS 代表理事などを経て、2016 年現職。主な共著書に、『初学者の建築計画 第三版』（市ヶ谷出版社、2017 年）、『耐火木造 ［計画・設計・施工］マニュアル』（エクスナレッジ、2018 年）など。　　　　執筆担当章：はじめに、1 章 1-6、3 章

著　者

五十嵐太郎（いがらし・たろう）

東北大学大学院工学研究科都市・建築学専攻教授。専門：建築デザイン理論
東京大学工学部卒業。同大学大学院修士課程修了。博士（工学）。中部大学助教授などを経て、2009 年より現職。主な著作に、『建築の東京』（みすず書房、2020 年）、『モダニズム崩壊後の建築』（青土社、2018 年）、『現代日本建築家列伝』（河出書房新社、2011 年）など。監修した展覧会に、ヴェネツィアビエンナーレ国際建築展 2008 日本館コミッショナー、「インポッシブル・アーキテクチャー」展など。
執筆担当章：1 章 9-10、2 章、章末コラム

西村　督（にしむら・とく）

金沢工業大学建築学部建築学科教授。専門：建築構造
金沢工業大学工学部建築学科卒業。京都工芸繊維大学大学院工芸科学研究科博士後期課程（機能科学専攻）満期退学。太陽工業株式会社を経て、2013 年現職。主な共著書に、『空間構造の数値解析ガイドブック』（日本建築学会、2017 年）、『丹下健三 伝統と創造―瀬戸内から世界へ』担当：私の丹下体験 37 人の言葉、愛媛県民館模型（美術出版社、2013 年）など。　　執筆担当章：1 章 7-8、4 章

井上朝雄（いのうえ・ともお）

九州大学大学院芸術工学研究院准教授。同大学院環境設計グローバル・ハブ長。専門：鉄骨考古学、デジタルアーカイブ
東京大学工学部建築学科卒業。同大学大学院工学系研究科修士課程（建築学専攻）修了、同博士課程修了。九州大学大学院芸術工学研究院助手、助教を経て現職。共著に『ガラス建築 意匠と機能の知識』（日本建築学会、2009 年）、『建築材料活用事典』（日刊工業新聞社、2007 年）。執筆担当章：5 章 2、4-18

江口　亨（えぐち・とおる）

横浜国立大学大学院都市イノベーション研究院准教授。専門：建築構法、建築生産、リノベーションまちづくり
東京大学工学部建築学科卒業。同大学大学院工学系研究科修士課程（建築学専攻）修了、同博士課程修了。Loughborough University（英国）Research Associate などを経て、2013 年現職。主な共著書に、『箱の産業―プレハブ住宅技術者たちの証言』（彰国社、2013 年）、『既存鉄骨造建築物の耐震改修施工マニュアル』（日本鋼構造協会、日本建築防災協会、2013 年）など。　執筆担当章：5 章 1、3、19-28

イラスト：野村　彰

実務者のための鉄骨造再入門

2022 年 8 月 15 日　　第 1 版第 1 刷発行

編著者………佐藤考一
著　者………五十嵐太郎・西村督・井上朝雄・江口亨

発行者………井口夏実
発行所………株式会社 学芸出版社
　　　　　　〒 600 − 8216
　　　　　　京都市下京区木津屋橋通西洞院東入
　　　　　　電話 075 − 343 − 0811
　　　　　　http://www.gakugei-pub.jp/
　　　　　　E-mail: info@gakugei-pub.jp
編　集………知念靖廣
Ｄ Ｔ Ｐ………村角洋一デザイン事務所
装　丁………KOTO DESIGN Inc.　山本剛史
印刷・製本…モリモト印刷

© 佐藤考一他 2022　　　　　　Printed in Japan
ISBN 978 − 4 − 7615 − 2827 − 0